AF300520

LA

LIBERTÉ INTÉGRALE

ESQUISSE

D'UNE THÉORIE RÉPUBLICAINE DES LOIS

PAR

Camille LÉGER

LICENCIÉ EN PHILOSOPHIE

LE PRINCIPE LÉGITIME DES LOIS — L'ÉGALITÉ ET LA LOI

LES DROITS DE LA FEMME

LE DROIT DE L'ENFANT A L'ÉDUCATION

LA MORALE — LA RELIGION

LE DROIT DE PROPRIÉTÉ — L'ÉTAT ET LES ASSOCIATIONS

PARIS

ANCIENNE LIBRAIRIE GERMER BAILLIÈRE ET Cie

FÉLIX ALCAN, ÉDITEUR

108, BOULEVARD SAINT-GERMAIN, 108

1897

LA

LIBERTÉ INTÉGRALE

Dreux. — Imprimerie LEFEBVRE-MARNAY, 8, rue St-Pierre

LA
LIBERTÉ INTÉGRALE

ESQUISSE

D'UNE THÉORIE RÉPUBLICAINE DES LOIS

PAR

Camille LÉGER

LICENCIÉ EN PHILOSOPHIE

> LE PRINCIPE LÉGITIME DES LOIS — L'ÉGALITÉ ET LA LOI
>
> LES DROITS DE LA FEMME
>
> LE DROIT DE L'ENFANT A L'ÉDUCATION
>
> LA MORALE — LA RELIGION
>
> LE DROIT DE PROPRIÉTÉ — L'ÉTAT ET LES ASSOCIATIONS

PARIS

ANCIENNE LIBRAIRIE GERMER BAILLIÈRE ET Cⁱᵉ

FÉLIX ALCAN, Éditeur

108, BOULEVARD SAINT-GERMAIN, 108

1897

AVANT-PROPOS

Les jeunes hommes qui verront le XIXe siècle se clore sur leur trentième année ont balbutié leurs premiers mots au bruit des canons étrangers. Leurs yeux peureux d'enfants ont vu passer sur leur pauvre pays les ombres terrifiantes de l'aigle noir et du drapeau rouge. Ils ont grandi depuis ces jours, conscients de la tâche réparatrice qui leur incombait. Il faut espérer qu'ils sont forts maintenant, car le fardeau qu'ont mis leurs pères sur leurs épaules est lourd.

Le monde souffre et c'est un gémissement précurseur de tempêtes qui gronde dans les bas-fonds et s'élève jusque vers les hauteurs. Premières angoisses du monde : la guerre menaçante. Des millions d'hommes savent

que demain peut-être ils couvriront le sol de
leurs cadavres. Or, à ces hommes marqués
du sceau fatal la vie est marâtre et l'on a
affaibli en eux la fortifiante espérance en
l'immortalité de l'âme.

Il faut être sourd pour ne pas entendre la
grande plainte qui sort des poitrines humaines.
Il faut être sans cœur pour voir avec indifférence une foule de travailleurs misérables à
côté de quelques riches oisifs. Il faut n'avoir
jamais réfléchi pour ne pas comprendre que
ces inégalités exagérées sont le résultat
d'une série d'injustices légales que tout le
monde a cru jusqu'ici légitimes. Mais il faut
être sans raison ni sens pratique pour croire
que l'égalité puisse jamais être imposée du
dehors par des lois. Un pareil régime serait
le pire des esclavages. D'ailleurs les socialistes
qui le préconisent sont forcés de convenir que
leurs théories tyranniques appliquées à un
seul état, les autres restant dans le statu quo,
ruineraient l'état initiateur. Eh bien, voici un
point ou nous pouvons nous entendre complètement. Au lieu de faire des rêves collectivistes irréalisables dans l'état présent de

l'Europe, aidez-nous à rejeter le fardeau des empereurs et des armées qui les suivent. Vous verrez que vous n'aurez pas peu amélioré la condition sociale des peuples. C'est à la domination des rois et des aristocraties violentes que nous devons la paix armée qui nous décime. Ce sont les jalousies et l'orgueil de quelques pygmées couronnés qui coûtent chaque année quatre milliards à l'Europe sans compter la perte des richesses que créeraient pendant cette année-là les soldats rendus au travail fécond. J'en appelle à la raison des philosophes de tous pays, j'en appelle au cœur des femmes meurtri par les guerres des rois, j'en appelle à tous les gens de bien et de sens : il faut détruire les trônes. C'est le seul moyen de pacifier l'Europe.

Mais en préparant cette émancipation, pour que la France soit digne de la faire, il faut que nous achevions de la libérer de ses dernières chaînes.

Il faut travailler au perfectionnement de nos institutions jusqu'à ce que toute notre législation soit l'incarnation vivante du principe de liberté. Or il nous a semblé que la liberté n'avait

encore été ni bien comprise ni bien définie;
il nous a semblé aussi qu'on n'avait pas bien
vu les conséquences dont elle est grosse. Nous
avons essayé dans ce court travail que nous
avons tâché de rendre compréhensible pour
tous, de préciser l'idée de liberté et quelques
unes de ses applications les plus importantes
à la législation. Notre but est de montrer que
si beaucoup d'esprits généreux ne pensent plus
que le respect de la liberté suffise à caracté-
riser une constitution républicaine et se tour-
nent vers l'égalité, c'est parce que les théories
les plus réfractaires au progrès et les plus
contraires à la vraie liberté se sont parées du
nom de libéralisme. Nous avons donc cherché
à déterminer les droits essentiels qui doivent
être respectés en un citoyen pour qu'il soit
vraiment libre. Nous nous sommes attachés
aussi à préciser les limites que la loi doit imposer à l'activité humaine pour que la licence
ne règne pas sous le nom de la liberté.

On sait que certaines peuplades sauvages
brisent leurs idoles quand elles n'exaucent
plus les prières qui montent vers elles. La
liberté a été longtemps notre idole. Mais pour

avoir mal compris les paroles de la déesse l'œuvre que nous croyons avoir construite sous sa dictée est imparfaite et malvenue et voilà que nous nous retournons vers d'autres divinités à qui nous demandons de nous donner des lois. La liberté n'a pas mérité ce manque de confiance en elle. Au lieu de laisser l'intérêt travestir les réponses qu'elle nous donne, ouvrons lui nos cœurs tout grands, abandonnons-nous à elle car elle est toujours la grande déesse, mère et protectrice des états.

LE PRINCIPE LÉGITIME DES LOIS

NÉCESSITÉ D'UNE SOCIÉTÉ RÉGIE PAR DES LOIS.

La nécessité et leur instinct poussent les hommes à former des sociétés. Toute société qui n'est pas un simple troupeau est régie par des lois et ce sont ces lois qui lui donnent l'existence, qui en forment la charpente et qui établissent des liens solides entre les hommes. Nous partirons de ce principe que l'existence de sociétés organisées et régies par des lois est nécessaire. L'anarchie ne saurait être mise en pratique à notre période de civilisation sans conduire à la barbarie. L'humanité a commencé par l'anarchie et c'est parce qu'elle s'en trouvait mal que peu à peu des sociétés réglées se sont constituées.

Si la société est nécessaire, elle doit être régie par des lois telles qu'elles laissent subsister le moins de causes possibles de dissolution. Pour atteindre ce résultat il faut que les lois aient pour principes les raisons pour lesquelles les hommes consentent à se soumettre à des lois et surtout les raisons pour lesquelles ils doivent y consentir. Il faut que les lois soient d'accord avec ce qu'il y a de capital, d'essentiel dans la nature humaine. En effet si les lois sont contraires au but que doit poursuivre l'individu l'état porte en lui le germe de sa dissolution ce qui n'est évidemment pas l'idéal de l'état. Au contraire un état qui ne porte en lui aucune cause de destruction peut sans doute périr dans un conflit avec un état voisin; cependant sa bonne constitution lui assure déjà un avantage dans la lutte. Il suffit alors d'ajouter à cette constitution des lois qui lui donnent le moyen de résister à la mort violente. Mais il faut avant tout que la constitution intérieure d'un état soit bonne, c'est-à-dire que les rapports des individus entre eux et de l'individu avec l'état soient réglés conformément au droit.

LA LIBERTÉ

L'individu en acceptant l'état accepte des lois qui le contraignent; aussi ne doit-il accepter que des lois conformes à l'essence de la nature humaine; autrement l'état le détourne de sa véritable fin et lui est plutôt préjudiciable qu'utile. La nature humaine n'est pas quelque chose d'une fois donné et d'immuable ; c'est quelque chose qui se réalise peu à peu ou plutôt que nous réalisons nous-mêmes, en sorte que pouvant à notre gré nous développer dans tel sens ou dans tel autre, c'est la liberté qui est l'essence intime de notre nature. La liberté morale peut se définir d'une façon générale : le pouvoir qu'a l'individu de développer ou de laisser inactives toutes les facultés de sa nature. La liberté politique est le respect de l'exercice de la liberté morale assuré par l'état à tous les citoyens sans exception. L'usage que nous faisons de notre libre activité constituant notre personnalité et notre caractère, ce sans quoi nous ne sommes pas des hommes, rien au monde ne nous est plus précieux et la liberté politique qui nous en assure l'exercice est par suite le principe légitime des Lois.

LES DROITS

Il est clair que cette liberté de nous déterminer nous-mêmes dans notre conduite ne peut pas s'exercer à vide. Notre libre activité dont l'exercice est le droit suprême peut s'appliquer à autant d'objets qu'elle a en elle de puissances et il y a autant de droits qu'on peut concevoir pour notre personne de manières de s'étendre. C'est dire que la nomenclature totale des droits est impossible et n'est pas nécessaire pourvu toutes fois qu'on connaisse leur principe.

Parmi ces droits il en est dont la loi doit asssurer l'exercice absolument et sans restriction ; ce sont ceux qu'un citoyen peut exercer sans gêner l'exercice du même droit ou de quelque autre droit par ses concitoyens. De ce genre sont les droits à la moralité, à la vie, au travail, à la liberté de conscience. Le citoyen a le droit absolu d'être moral, il a le droit absolu à la liberté de conscience parce que la moralité la plus pure d'un citoyen, l'exercice le plus personnel de la liberté de conscience n'empêche les autres ni d'être moraux ni de manifester leurs croyances. Mais il est des droits que plusieurs citoyens ne peuvent pas exercer simultanément sans se limiter les uns les autres. Ce sont particulièrement les droits qui permettent à l'homme d'atteindre le bien-être. Il nous faudra rechercher quelle doit être la limite légale de ces droits.

LE DROIT A LA MORALITÉ

Avant de le faire il importe que nous insistions un peu sur le droit de l'homme à la moralité. L'homme avant d'être un individu est un homme, c'est-à-dire une personne morale, concevant un idéal du bien qu'il se reconnaît obligé de réaliser quelles qu'en puissent être les conséquences pour son bien-être. Mais ce qu'il y a ici de particulier, c'est que le bien doit être librement choisi pour être atteint. L'homme est obligé moralement au bien, mais il peut s'y soustraire et il faut qu'il puisse s'y soustraire pour être méritant quand il le pratique. Il suit de là que la loi doit pour être en accord avec la nature humaine lui rendre possible l'accomplissement de la loi morale, mais non pas l'y contraindre. Lorsque la loi contraint l'homme à ne pas faire le mal ce n'est pas parce que le mal est une faute morale, c'est seulement quand en faisant le mal, il entrave la libre activité d'un autre homme. Mais il suit des mêmes principes que la loi doit mettre les enfants dans les conditions nécessaires pour qu'ils ne soient pas dépravés. L'homme fait n'a pas toujours assez de force physique pour se défendre contre les voleurs, mais son caractère est à peu près formé et les influences extérieures ne le modifient guère. En tout cas, il peut leur résister. L'enfant, au contraire, n'a pas la force morale de résister au mal et rien n'est facile comme de le pervertir. Or pervertir un enfant, c'est porter une véritable atteinte à sa liberté, c'est manquer de respect aux droits de l'homme, autant et plus que voler, car c'est tuer dans sa racine la libre activité de l'homme futur. C'est donc un droit incontestable de l'homme de recevoir

une saine éducation morale et comme tout droit
est le principe d'une loi, la loi doit protéger l'innocence de l'enfant et lui rendre possible l'honnêteté.

LE CONFLIT DES LIBERTÉS

La recherche du bien-être et l'exercice des droits
qui s'y rapportent amènent nécessairement la lutte
entre les hommes. Aussi l'une des tâches les plus
difficiles qui incombent au politique est-elle d'établir
les principes d'après lesquels la liberté de chaque
citoyen doit être limitée par la liberté des autres.
Il ne suffit pas en effet de dire que chaque citoyen a
le droit de faire tout ce qui ne nuit pas à ses concitoyens car cela n'est ni clair ni vrai. Il est impossible que le libre exercice de mon droit ne nuise
jamais au libre exercice du droit d'autrui et la loi
ne peut le vouloir. Pour le bien montrer prenons
un exemple : Mettons deux hommes dans un champ
de pommes de terre en leur disant : Ce que chacun
de vous pourra ramasser en un jour sera sa
propriété. Il est clair que très loyalement le plus
agile nuira au moins agile, car si les deux hommes
eussent été égaux en agilité ils eussent ramassé
chacun un tas égal tandis que le tas du plus agile
sera dans notre hypothèse plus gros que celui de
son émule. Cependant niera-t-on au plus agile le

droit de profiter de son agilité. Nous ne croyons pas qu'on le puisse légitimement. Voilà donc un cas où l'exercice légitime de deux droits se limite et s'entrave.

Ce qu'il nous faut rechercher c'est un principe qui nous permette de décider dans quelles mesures est juste la limitation de l'exercice du droit d'autrui par notre droit et réciproquement. Ce principe n'est autre que le respect de la liberté, de ce pouvoir de faire agir ou de laisser inactives les facultés de notre nature.

Nous avons déjà reconnu que parmi les facultés humaines il en est qui ont droit sans restriction à l'exercice. De là nous pouvons déduire que la loi doit défendre au citoyen de travailler à son bien-être en violant les droits qui se rapportent à ces facultés. C'est ainsi qu'assurer sa fortune en démoralisant, en tuant, en réduisant en esclavage doit être proscrit par les lois comme un exercice de la liberté qui contredit la liberté. Car la liberté politique c'est la libre activité pour chacun en tant qu'elle est compatible avec la libre activité pour tous.

Mais ces limites ne sont pas les seules que la loi doive imposer au droit général de travailler à notre bien-être et à notre bonheur individuels. L'exercice de ce droit peut nous mettre en concurrence avec les autres. La loi doit-elle supprimer cette concurrence et assurer à chacun des résultats égaux. Non, sans doute. Mais si la loi ne doit pas établir l'égalité finale elle doit maintenir l'égalité des droits entre les concurrents. Il faut que ce conflit d'un droit avec le droit réciproque du voisin n'aille pas jusqu'à supprimer ou rendre illusoire la faculté dont l'exercice est un droit. Le droit de mon concitoyen peut limiter l'exercice de mon droit, il ne peut jamais l'anéantir sous peine de porter atteinte à ma liberté. Par suite la loi pour être conforme à son principe légitime doit s'opposer à tout empêchement effectif de l'exercice d'un droit par l'exercice concurrent du droit voisin.

Les hommes sont et doivent rester effectivement égaux en droits.

Par exemple si l'exercice effectif d'un droit nécessite la possession d'une certaine matière, le citoyen n'en peut jamais être dépossédé sans injustice. C'est pourquoi du droit à la vie, à l'indépendance et au travail il résulte que le citoyen ne peut être dépossédé, sans compensation, de la propriété du sol qui lui permet de vivre par son libre travail. La quantité de propriété peut varier, mais nul ne peut en être exclu ni s'en exclure lui-même complètement.

IMPOSSIBILITÉ

D'UN AUTRE PRINCIPE LÉGITIME DES LOIS

Quel que soit l'idéal pour lequel l'homme soit né

cet idéal ne peut être et ne doit être réalisé que par la liberté. Par suite l'individu ne peut s'enchaîner de façon irrémissible, ce qu'il fait dans l'état par la loi, que pour sauvegarder cette liberté. Il ne peut se contraindre légalement à atteindre un autre but parce que en s'y contraignant il annihilerait autant qu'il est en lui sa nature qui est liberté. Par suite aussi tout autre principe des lois serait ruineux parce que toute loi fondée sur ce principe serait irrémédiablement minée par les ferments de dissolution engendrés par le principe immortel de liberté. Aussi faut-il dans l'intérêt de l'état comme dans l'intérêt de l'individu que la liberté soit le principe des lois. En la prenant pour principe on n'entrave d'ailleurs aucun des autres buts que peut se proposer l'activité humaine : on les favorise au contraire.

LA VITALITÉ DE L'ÉTAT

Pour que l'état protège les individus les uns contre les autres et surtout contre les agressions possibles des états voisins il lui faut une force et une stabilité que le seul respect de la liberté individuelle n'assurerait pas toujours. Aussi beaucoup de politiques conscients de la puissance nécessaire à l'état pour vivre sont ils allés jusqu'à demander que l'individu abdiquât complètement sa liberté

entre les mains de l'état. C'est là une exagération.
Sans doute il faut que l'état soit viable. Cependant
remarquons le : l'état est fait pour l'individu et non
l'individu pour l'état. Il s'agit donc de concilier la
vitalité de l'état et les intérêts qui poussent l'homme
raisonnable à accepter l'état : il ne peut être question de sacrifier l'un à l'autre. Si l'homme raisonnable accepte de faire partie d'un état il faut que
cela soit parce que le but de la vie humaine lui
paraît pouvoir être actuellement mieux rempli
avec l'état que sans l'état. Mais le meilleur moyen
de poursuivre la réalisation de l'idéal humain ce
n'est pas l'état, c'est l'association libre. L'état n'est
nécessaire qu'à cause de l'injustice et de l'inintel-
ligence d'une grande partie de l'humanité. Encore
ne faut-il pas qu'il arrête l'essor du développement
humain.

Mais il faut reconnaître que l'existence d'autres
états qui peuvent devenir des ennemis nécessite
l'abandon par l'individu à l'état d'un certain nombre
de ses droits. A supposer l'existence d'un seul état
la liberté serait le seul principe légitime des lois
et par conséquent idéalement elle est le seul principe. Mais pratiquement et vu la présence d'états
voisins la conservation de l'état doit être prise en
considération et doit être l'origine d'un très grand
nombre de lois, en sorte que notre liberté ne peut
être complète dans la période actuelle de la civilisation.

C'est ainsi que nous devons être astreints au service militaire et à des impôts beaucoup plus lourds que s'il existait un seul grand état. En effet il ne suffit plus des impôts nécessaires à payer la magistrature et la police et à assurer l'instruction et l'éducation publiques, charges qui incombent essentiellement à un état : il faut encore entretenir une armée et une flotte, veiller aux travaux publics, aux chemins de fer, à l'industrie et au commerce même dont la prospérité est indispensable à la richesse de l'état. Or la richesse de l'état est une de ses forces dans la lutte possible avec l'étranger. En un mot une foule d'entreprises qui devraient être abandonnées à l'initiative privée au nom du principe de liberté, doivent être mises sous la protection de l'état afin d'assurer sa vitalité en face des autres états.

Il n'en reste pas moins vrai que moralement la liberté est le seul principe légitime des lois et que les dérogations à ce principe ne se justifient que par les nécessités de la pratique. Nous croyons que cette idée est l'idée républicaine et que pour qui comprend bien tout le sens de ce mot de républicain il n'y a pas lieu de lui accoler une autre épithète. Le Républicain est celui qui reconnaît l'inviolabilité des droits de l'homme et qui prend cette inviolabilité comme base de sa théorie politique.

LE SUFFRAGE UNIVERSEL

Il a pu sembler étonnant à quelques-uns que nous entendions par constitution républicaine une constitution qui assure le respect des droits inaliénables de l'humanité et non pas une constitution votée par le suffrage universel. Il ne suffit pas cependant du fonctionnement du suffrage universel pour constituer la république; le suffrage universel est la condition nécessaire d'un gouvernement républicain, ce n'en est pas la condition suffisante. Une majorité peut en effet voter des lois injustes ou même la suppression de la république.

Dira-t-on qu'elle en a le droit? Évidemment non. Sans doute le respect de la liberté exige que les lois soient librement votées par le peuple ou ses représentants, mais le peuple n'a pas le droit de voter tout ce qui lui plaît. En effet une loi n'est votée d'habitude que par une majorité, en sorte que si cette loi n'est pas juste la minorité est opprimée. La majorité doit donc se laisser guider par la justice et il est important d'apprendre au peuple les droits dont il ne peut entraver l'exercice. Il y a un certain nombre de droits qui ne devraient jamais être mis en question devant le suffrage universel parce qu'ils doivent être respectés par les lois pour que l'individu ne soit pas lésé par l'état. Sans doute c'est en dernier ressort le suffrage universel qui doit dire ce qui est juste, dans les cas où l'on diffère d'opinion ; cependant si la majorité voulait attenter à la liberté individuelle au nom de l'égalité ou d'une religion quelconque cette violation du droit ne saurait être tolérée par un bon citoyen. Pour que toute cause de révolution soit écartée, il faut donc que la majorité elle-même apprenne à respecter la justice et à donner comme fondement aux lois non pas son intérêt, mais le droit.

Qu'il nous soit permis à ce propos de citer un passage très net tiré des *Essais de Politique* de M. Herbert Spencer.

« Je demandai à un des législateurs si la majorité de la Chambre pouvait légitimer un meurtre. Il me dit : non. Je lui demandai si elle pouvait sanctifier un vol. Il ne l'admit pas. Alors je voulus lui faire voir que, si le meurtre et le vol sont par eux-mêmes injustes et ne peuvent être rendus équitables par une décision des hommes au pouvoir, toute action en général devait semblablement être équitable ou inique indépendamment d'une décision de la loi et que si le juste et l'injuste selon la loi ne s'accordent pas avec le juste et l'injuste tels que les détermine la nature, la loi même est coupable. »

La garantie de la liberté individuelle n'étant pas le seul principe des lois dans un état entouré d'états voisins et la conservation et la puissance de l'état étant aussi une source de lois, le suffrage universel a là une nouvelle occasion de s'exercer. Et comme si tout le monde s'entend sur la nécessité de la puissance de la patrie, tout le monde n'est pas d'accord sur les moyens qui l'assurent, c'est à la majorité d'en décider. Or comme pour assurer la vitalité du pays, il faut demander aux citoyens le sacrifice d'une partie de leur liberté, leur demander par exemple de passer un certain temps au régiment ou de payer de lourds impôts, il faut que ce sacrifice soit égal pour tous, c'est-à-dire proportionné à leurs forces.

En résumé, nous appelons l'attention sur ce fait que le suffrage universel ne constitue vraiment une république que si les mœurs sont républicaines et les mœurs républicaines consistent dans le respect de la liberté et des droits du citoyen. Une majorité qui s'inspirerait d'autres principes serait une faction tyrannique qui détruirait l'essence même de la constitution républicaine.

L'ÉGALITÉ ET LA LOI

Sur le frontispice de nos monuments le mot d'égalité est encadré par ceux de liberté et de fraternité et notre rêve est que cette devise soit aussi profondément gravée dans l'âme des citoyens que dans la pierre de nos palais. Mais pour noble qu'elle soit, il faut la bien comprendre. Nous allons donc nous demander quel genre d'égalité doivent assurer les lois. Une constitution républicaine est-elle une constitution dont les lois assurent aux citoyens l'égalité absolue? Est-ce dans ce sens que nos pères de la grande révolution ont entendu l'égalité? Non pas : ils ont voulu dire que tous les hommes devaient être également libres. Les hommes, proclame la *Déclaration des Droits*, sont égaux en droits. C'est l'égalité civile et politique, l'égalité devant la loi et non l'égalité absolue, l'égalité sociale que la république doit aux citoyens.

Les hommes, en effet, sont essentiellement inégaux en force physique, en intelligence, en volonté, en amour du travail, en moralité. Ce sont là des

inégalités naturelles qu'on peut sans doute atténuer
par l'éducation, mais qu'on ne pourra jamais complètement détruire, pas plus qu'on ne peut espérer
donner aux hommes la même taille ou le même
poids. De ces inégalités naturelles dérivent des
inégalités sociales, c'est-à-dire des inégalités de
richesse, de bien-être et de pouvoir. Ces inégalités
sociales sont légitimes quand elles sont propor-
tionnées aux inégalités naturelles. Elles sont en
effet le résultat de l'exercice de la libre activité. Il
est juste que qui travaille plus et dépense moins au
cabaret ait plus. Etablir le contraire par la loi serait
violer honteusement la liberté humaine.

Est-ce à dire que toutes les inégalités sociales de
l'heure présente soient justes? Il s'en faut de béau-
coup. Mais ce n'est pas une raison pour substituer
au principe de liberté le principe d'égalité comme
fondement des lois. C'est parce que la liberté n'est
encore ni suffisamment comprise, ni suffisamment
appliquée que nous voyons des inégalités sociales
excessives. Pour les diminuer il suffit de modifier
les lois conformément au principe de liberté. Ainsi,
comme l'a démontré un grand philosophe, M. Se-
crétan, il est injuste qu'un citoyen soit dépossédé
du sol sans recevoir une compensation. La terre, en
effet, n'appartient à titre absolu à personne. Aussi
ne serait-ce pas faire une loi socialiste que d'accorder
aux pauvres un terrain où bâtir et cultiver et que
déclarer insaisissable un minimum de propriété

agraire. Ce serait simplement respecter la liberté du citoyen. Mais qui ne voit qu'une telle loi aurait pour conséquence de diminuer singulièrement les inégalités? Or les lois justes de ce genre sont nombreuses à établir.

Mais reconnaître les injustices sociales et y chercher le remède, ce n'est favoriser ni le socialisme, ni le collectivisme. C'est au contraire enrayer la propagation de ces théories fausses, qui trop amoureuses d'égalité veulent abolir la propriété individuelle, sauvegarde de la liberté du citoyen.

Ce n'est pas à la loi d'établir l'égalité sociale ; le meilleur moyen, non d'y atteindre, ce n'est ni possible, ni désirable, mais d'en approcher, c'est de laisser libre jeu à la liberté. Que la liberté du citoyen soit vraiment respectée par les lois, que les plus faibles s'associent entre eux et bientôt nous verrons les inégalités sociales diminuer. Mais en voulant établir l'égalité par la loi, on tue dans sa source la liberté et le bonheur humain.

Nos institutions portent encore aujourd'hui une triple atteinte à la véritable liberté. 1° Elles ne tiennent pas suffisamment compte des droits de la femme. 2° Elles ne sauvegardent pas autant qu'elles le devraient la liberté morale de l'enfant, l'honnêteté à laquelle il doit pouvoir atteindre. 3° C'est une conception partiellement fausse de la liberté qui préside aux lois existantes sur la propriété.

De ces trois violations du droit naquirent des

injustices à la suite desquelles certains esprits peu
clairvoyants, s'imaginant que les lois actuelles sont
toutes inspirées par l'idée de liberté ont abandonné
le principe de liberté pour le principe d'égalité.
De cette erreur sont issues les théories qui récla-
ment l'union libre de l'homme et de la femme et
la suppression de la propriété individuelle des
moyens de production. Nous allons essayer de
montrer qu'en partant de la vraie conception de la
liberté il y a une autre solution à donner aux questions sociales et politiques de l'heure présente.

LES DROITS DE LA FEMME

La Déclaration des Droits de l'homme est muette sur les droits de la femme et les lois qui l'ont appliquée témoignent que par le mot homme on n'a voulu entendre que la partie mâle de l'humanité. La femme n'aurait-elle donc pas le droit d'exister pour elle-même et n'existerait-elle dans la société qu'en vue de l'homme ? Telle est la question. Les droits de la femme avaient été déjà vainement proclamés dans une adresse à l'Assemblée Nationale. Mais en notre siècle l'idée de l'émancipation féminine a fait des progrès. Des philosophes comme Stuart Mill, dans son livre sur l'*Assujettissement des femmes* et Sécrétan dans les *Droits de l'Humanité* ont soutenu que la femme devait être égale en droits à l'homme. Au mois d'Avril 1896, les femmes réunies en un congrès féministe réclamèrent publiquement le respect de leurs droits et plusieurs firent preuve d'une réelle éloquence et d'un grand bon sens.

Enfin, tout dernièrement, deux écrivains et publicistes de talent, Léopold Lacour dans *Humanisme Intégral*, et Jules Bois dans l'*Eve nouvelle*, nous ont dit comment et en quel sens ils conçoivent l'émancipation féminine.

C'est donc là une question importante que l'on ne peut passer sous silence quand on examine le principe de la législation.

Le principe légitime de toute loi c'est le respect de la liberté et des droits de l'individu. La femme ayant comme l'homme la liberté morale, il s'en suit que la liberté de la femme est respectable au même titre que celle de l'homme. Mais comme l'exercice de la liberté se traduit par l'exercice d'un certain nombre de nos facultés, c'est-à-dire par des droits, et comme la nature de la femme est différente de celle de l'homme, il se peut que la femme n'ait pas certains droits que possède l'homme et aussi qu'elle en ait que l'homme ne possède pas. Ce qu'il faut c'est qu'il y ait équivalence entre les droits de l'homme et les droits de la femme, de même qu'il y a équivalence entre les fonctions de l'homme et celles de la femme.

La tâche de l'homme n'est pas la même que celle de la femme. Si la femme voulait lutter sur tous les terrains avec l'homme elle serait infailliblement condamnée à la défaite. La femme est destinée par sa nature à la protection de son mari ou de son père. Ce serait du moins là l'idéal, idéal irréalisable dans l'état social actuel; mais il faut

que cette protection ne soit pas une oppression.
Cette protection que l'homme accorde à la femme
est en effet payée par des services réciproques, en
sorte qu'ils sont quittes l'un envers l'autre.

L'AMOUR ET LA FAMILLE

Le principe de toute théorie relative aux droits
de la femme c'est la conception que son auteur se fait
de l'amour et de la famille.

Pour nous le mariage doit être conçu moralement
comme l'union indissoluble d'un homme et d'une
femme. Il doit avoir pour principe l'amour, c'est-à-
dire le sentiment dont sont pénétrés deux fiancés
qu'ils s'aimeront toute leur vie et n'en pourront
jamais aimer d'autres. C'est ce que nous allons
essayer de démontrer. Il ne faut pas s'y tromper :
de toutes parts cette conception de la famille est
attaquée. On lui oppose une autre conception dont
le principe est dans la suppression de l'amour
comme sentiment noble et dont la conséquence est
l'établissement du matriarcat et du socialisme. A la
famille paternelle on propose de substituer la famille maternelle, Les enfants appartiendraient à la
mère. Pour les élever elle recevrait un subside de
l'état.

Nous allons examiner si au contraire l'amour tel

que nous l'avons défini n'est pas à la fois naturel et moral et si l'enfant n'a pas droit à un père et à une mère réels, c'est-à-dire à un père et à une mère qui l'élèvent.

L'amour a incontestablement pour but sinon unique tout au moins réel la perpétuité de l'espèce. Mais si l'amour n'avait d'autre but que de rendre possible l'apparition d'êtres nouveaux destinés à remplacer ceux que la mort détruira nous ne saurions comment justifier le caractère d'élection qu'il revêt dans l'humanité. L'amour humain est un choix ; c'est en cela qu'il se distingue de l'amour bestial. C'est que l'amour humain a pour but d'amener à la lumière non un enfant quelconque, mais un enfant qui réalise un progrès dans l'humanité. A quoi bon en effet une stérile répétition d'êtres semblables. Or ce qui explique qu'un enfant puisse réaliser un type humain supérieur à celui de ses parents, c'est qu'il est une synthèse de l'âme de son père et de l'âme de sa mère. L'homme ayant comme devoir de rechercher la perfection dans toutes ses œuvres c'est un devoir pour lui de rechercher la compagne qui le complètera le mieux. Il est évident que si nous prenons un groupe de jeunes gens et de jeunes filles ce n'est pas indifféremment qu'ils doivent être unis pour que l'enfant de chaque couple soit le plus beau, le plus fort, le plus intelligent et le plus moral possible.

Il y a pour chaque homme une femme qui

lui est plus particulièrement destinée et réciproquement. Mais comment la découvrir? La science est ici impuissante. Le nombre de connaissances qu'exigerait un tel choix pour être rationnel est trop considérable. La nature y a pourvu : l'instinct supplée à l'insuffisance de la raison. L'amour est l'obscure preuve qu'on se trouve en présence de de l'être avec lequel on peut fonder la meilleure famille possible et se perfectionner soi-même.

Cet amour n'a pas seulement sa cause dans les qualités physiques qui ne sont certes pas négligeables, mais surtout dans les qualités intellectuelles et morales. Il faut que les deux époux s'aiment pour s'enrichir chacun des qualités mentales de l'autre, en sorte que leur enfant puisse être la synthèse de leurs deux caractères. Il y a plus : l'enfant pour réaliser tout ce qui est en germe en lui a besoin pendant quinze ou vingt ans de l'éducation vigilante de son père et de sa mère. En mettant un enfant au monde les parents contractent le devoir d'en faire un être aussi parfait que possible et pour cela leurs soins communs sont nécessaires.

D'ailleurs cette pénétration de deux âmes est indispensable au perfectionnement de l'homme et de la femme. Il faut que l'âme virile s'imprègne des parfums de l'âme féminine et que l'âme féminine se fortifie au contact de l'âme virile pour que l'être soit parfait.

Or c'est seulement par un commerce constant et

prolongé avec la femme qui lui est destinée par la nature que l'homme peut arriver à ce parfait et harmonieux développement de son esprit. Il en est en amour comme en science : qui se donne superficiellement n'acquiert point. Au reste cette communion absolue de deux âmes n'est-elle pas le plus grand des bonheurs? L'amour pour être vraiment humain doit donc être indissoluble.

A ce propos nous ne pouvons pas résister au désir de faire à M. Léopold Lacour quelques objections, car ses théories sur l'amour, si éloquemment exprimées qu'elles soient, ne nous satisfont pas complètement.

Nous lui accordons volontiers que la chair n'est pas vile et que présenter la virginité définitive comme un idéal à l'humanité a été l'erreur du christianisme. Nous irons même plus loin : nous considérons comme une faute morale pour l'homme comme pour la femme de rester vierges toute leur vie. Il nous semble en effet que c'est un devoir pour tout être normalement constitué de tenter le génie de l'espèce et de procréer. Mais si la virginité définitive est une faute, la chasteté est une vertu et la chasteté consiste pour l'homme comme pour la femme à rester vierges jusqu'au mariage. Cette idée là est une idée chrétienne sans doute mais qu'on retrouve bien avant le christianisme chez tous ceux qui furent les chevaliers de l'esprit. Si le christianisme conseilla à quelques-uns la virginité définitive, il admit parfaitement et ne considéra pas comme inférieure l'union sexuelle d'un homme et d'une femme, pourvu qu'elle fut indissoluble.

L'amour comme toute faculté est soumis à des règles morales, mais aux yeux d'un philosophe les devoirs relatifs à l'amour s'imposent avec une égalité parfaite à l'homme et à la femme.

M. Léopold Lacour reconnaît (*Humanisme Intégral, page 109*) que la femme est un être monogame de nature. Et bien si l'homme n'est pas monogame de nature, il doit sacrifier sa lubricité ancestrale et devenir monogame comme la femme. Je ne vois pas ce qu'au nom des Droits de la Femme M. L. Lacour pourrait opposer à une semblable conception. L'éloquent écrivain manifeste d'ailleurs dans de nombreuses pages son dégoût pour les satisfactions de la chair qui ne sont que cela. Il avoue même (*page 40*) sa prédilection pour cet amour libre et fier à qui la liberté sera motif de fidélité. Pourquoi donc attaquer si fort plus loin cet idée que la jeune fille doit garder sa virginité pour le premier homme qu'elle aimera et qui l'aimera. Admettrons-nous que la jeune fille se donne à un homme par pure curiosité sensuelle? Si elle l'a fait, quand elle aimera vraiment un homme de tout son être moral, intellectuel et physique, ne regrettera-t-elle pas de s'être fait initier prématurément aux joies de l'amour physique? M. L. Lacour a des paroles éloquentes sur ces pauvres et ces laides qui restent vieilles filles : Mais convient-il à des femmes libres d'accepter le plaisir d'un homme qui en leur refusant le mariage leur prouve qu'il ne les juge pas dignes de lui.

Donc selon nous l'éducation de la jeune fille et du jeune homme doivent les maintenir dans la pureté.

LE MARIAGE

Nous pensons que le duel des sexes vient en grande partie de ce que l'amour préside rarement au mariage et de ce que les lois ne permettent pas aux jeunes gens de se marier librement. La nécessité du consentement paternel pour les filles jusqu'à vingt et un ans, pour les garçons jusqu'à vingt-cinq ans est une monstruosité légale. Elle est la grande coupable de la séduction des filles, de la dépravation des garçons. Elle les force à vivre dans le désordre. Il faut donc demander que la majorité légale pour le mariage coïncide avec la majorité naturelle, qu'à seize ans les filles, à dix-huit ans les garçons puissent se marier sans le consentement paternel.

Quand la jeune fille saura que le jeune homme qui lui parle d'amour peut l'épouser librement elle ne se donnera pas à lui avant le mariage ou sans mariage.

Quant à la sanction légale de l'union de l'homme et de la femme, quant au mariage civil il doit être maintenu pour qu'en cas de séparation des deux conjoints la loi impose au père de contribuer à l'entretien de son enfant. Toute autre solution est un acheminement vers le collectivisme. En effet si ce n'est pas le père qui nourrit la mère pendant la grossesse et la période d'allaitement ce sera l'état. Est-ce juste? Est-il juste que les étrangers paient pour élever les enfants d'hommes paresseux et immoraux qu'une telle loi encouragera au vice? Mais ce n'est pas seulement pendant la période d'allaitement, c'est encore pendant toute la minorité de l'enfant que l'état peut être forcé de donner des subsides à la mère si la loi ne reconnaît pas un père à l'enfant. En effet le nombre des femmes qui pourront gagner suffisamment pour vivre et élever leurs enfants sera toujours très restreint à moins d'adopter l'organisation proposée par les collectivistes. Le dilemme s'impose : Un père tenu de pourvoir à l'entretien de ses enfants ou le collectivisme. Comme nous n'admettons pas le collectivisme nous pensons que nos lois doivent favoriser le mariage, le rendre plus facile et plus libre et non le rendre inutile.

La loi française, il est vrai, en permettant le divorce semble avoir porté le premier coup à l'institution du mariage. Nous croyons que telle n'a pas été l'intention du législateur et que la légitimité légale du divorce peut être admise à condition qu'on maintienne son illégitimité morale. La loi ne doit permettre le divorce que dans les cas où en fait le divorce a été consommé par la violation du contrat conjugal par l'une des deux parties ou par les deux à la fois. Dans ce cas le divorce légal ne fait pas la faute; il épargne seulement au couple mal assorti des vexations continuelles et l'occasion de nouveaux désordres. Mais la loi doit toujours prononcer le divorce contre l'un des deux époux ou contre les deux si tous deux sont coupables. Elle doit montrer par une flétrissure morale qu'elle n'approuve pas les actes qui ont rendu le divorce nécessaire. D'ailleurs on doit continuer d'apprendre aux enfants que moralement le mariage est indissoluble et que la conscience morale ne permet pas aux hommes ce que la loi leur concède à cause de la dureté de leur cœur.

DROIT DE LA FEMME A L'INSTRUCTION

ET A L'ÉDUCATION

La conception de l'amour et de la famille que nous venons d'exposer légitimera ce qui nous reste à dire des droits de la femme.

Et d'abord la femme a droit incontestablement à l'instruction et à l'éducation morale.

Sans avoir besoin d'être très savante il faut que

la femme ait des clartés de tout et ne demeure pas
étrangère aux préoccupations scientifiques, sociales
et morales de l'homme son compagnon. Elle doit
être surtout instruite dans les sciences de l'âme et
de l'éducation ; car c'est à elle qu'est confiée la première éducation de l'enfant et c'est une tâche fort
difficile et généralement mal remplie à cause du
peu de lumières des mères sur ces questions.

La petite fille plus encore que le petit garçon a
droit à une solide éducation morale, car elle est et
sera plus exposée que lui au mal et sa chute a des
conséquences plus terribles. La jeune fille devrait
dans la société toute entière être environnée de cette
atmosphère de pureté et d'innocence dont on l'en-
toure dans les familles honnêtes. Elle a le droit
d'arriver pure à l'âge où son cœur s'ouvrira et
choisira son compagnon de voyage. Et pour cela il
faudrait la garder plus tard que treize ans à l'école
et la soustraire plus souvent au mauvais milieu
d'une famille corrompue.

LA FEMME MARIÉE — LE TRAVAIL DE LA FEMME

La femme mariée devrait avoir dans la famille
des droits égaux à ceux de l'homme. Elle ne doit
pas selon le mot du code obéissance à son mari, ce
qui est tyrannique ; mais l'un et l'autre doivent

obéissance à la raison. La place de la femme est au foyer. Elle doit élever les enfants, être la compagne intelligente et morale de son mari. En retour l'homme doit à la femme la protection. Il serait à souhaiter que tout mari put subvenir seul aux besoins du ménage sans que la femme fût obligée d'aller travailler au dehors; et même c'est·là le droit strict de la femme. Mais les conditions morales et sociales de l'heure présente rendent cet idéal inapplicable. La faute en est souvent au mari qui boit une partie de son gain. Mais souvent l'ouvrier honnête et travailleur lui-même ne gagne pas assez pour nourrir sa famille. Il en résulte que dans l'état présent le travail de beaucoup de femmes mariées, veuves ou célibataires s'impose.

Si la femme qui dans un état social bien constitué ne devrait avoir besoin de travailler qu'à son ménage est forcée par le besoin de travailler au dehors il faut que la loi fasse respecter ses droits. La loi ne doit point tolérer qu'un patron impose à ses ouvrières ou à ses employées un travail capable de nuire à leur santé et à la vigueur des générations futures. Que de réformes à faire dans ce sens! Le cadre de cette étude ne nous permet pas de les énumérer, mais il nous fallait en signaler le principe. Enfin bien que nous ne soyons pas sûr que la loi puisse utilement intervenir pour régler les salaires, nous estimons moralement juste que la femme ouvrière reçoive un salaire égal à celui de l'homme pour un travail égal.

Aujourd'hui encore la femme mariée n'a pas la libre disposition de son gain en sorte que le mari, même absent du foyer conjugal, a le droit de toucher auprès du patron les appointements de sa femme. Un projet de loi tendant à abolir cette monstruosité a cependant été voté par la Chambre des Députés. Mais le Sénat ne l'a pas encore adopté.

Il est impossible d'énumérer tous les dénis de justice auxquels la femme est encore assujettie par la loi. Et certes si les femmes avaient le droit de vote leur condition sociale et civile serait tout autre. Aussi beaucoup de bons esprits en viennent à admettre le suffrage des femmes. Pour notre part, bien que cette réforme ne nous paraisse encore ni mûre ni conforme à nos mœurs, nous avouons qu'aucune objection de droit ne peut lui être faite et nous espérons que les femmes conquerront un jour l'intégrité de leurs droits civils et politiques.

Nous signalons à ceux qui voudraient des renseignements précis sur cette question la savante et claire étude de M. Pascaud, conseiller à la cour d'appel de Chambéry sur les Droits électoraux des femmes dans le monde civilisé. L'auteur y réfute avec beaucoup de sens et de vigueur toutes les objections opposées aux droits politiques de la femme.

CONCLUSION

S'il nous fallait résumer notre opinion sur la question féministe nous dirions qu'à notre avis l'émancipation de la femme ne doit pas tendre à en faire un homme manqué ni la rivale de l'homme. Elle doit avoir pour but de permettre à toute femme de s'unir à un homme qui en respectant tous ses droits lui assure cependant la protection matérielle. Toute théorie qui tend à faire considérer comme passagère et sans conséquence l'amour entre les deux sexes, toute théorie qui risque de détruire la famille monogame nous semble contraire aux véritables droits de l'homme et de la femme.

LE DROIT DE L'ENFANT

A L'ÉDUCATION

La liberté étant le pouvoir de développer toutes les facultés humaines et la moralité étant une de ces facultés, le citoyen a le droit de pouvoir être honnête. Mais tandis que l'homme majeur est toujours libre de choisir entre le bien et le mal, l'enfant lui n'a pas la pleine possession de sa liberté morale. Ce n'est pas toujours en pleine connaissance de cause qu'il se décide dans ses actions; l'hérédité du vice, les mauvais instincts naturels à l'humanité, la mauvaise influence du milieu social le déforment, ne lui permettent pas de développer sa vraie nature si l'éducation n'intervient. C'est ainsi qu'un arbre fait pour pousser droit sa tige vers le ciel se courbe souvent sous l'influence répétée des tempêtes, si on ne lui donne un tuteur pendant ses premiers mois. Tout homme étant fait pour être honnête comme tout arbre pour pousser droit, l'enfant que son éducation a dépravé a souffert une injustice. L'état ne devant tolérer aucune injustice a le devoir d'assurer à l'enfant une bonne éducation morale et de le protéger contre le vice.

Sans doute c'est aux parents qu'appartient le soin de donner l'éducation à leurs enfants; mais comme certains parents peuvent être indignes d'une telle tâche il faut que l'état les surveille au nom du droit de l'enfant à la moralité. Et comme l'éducation se donne en partie dans des établissements d'instruction publique l'état a le devoir et le droit d'imposer à ces établissements un certain programme d'éducation. Quel sera le principe de cette éducation imposée par l'état? Dans son programme d'éducation l'état s'occupera-t-il des religions particulières qui en fait ont été de grandes éducatrices morales? Non, il les ignorera et ceci pour la raison toute simple que les citoyens d'un même pays ne s'entendant pas sur les questions religieuses il ne peut y avoir de religion d'état. Chaque père de famille a le droit de faire élever ses enfants dans la religion qui lui convient, pourvu qu'elle ne soit pas attentatoire aux bonnes mœurs.

Cette question écartée, il reste que l'éducation morale ait pour but de faire respecter des enfants la liberté et les droits du voisin et de leur donner le sentiment de leur dignité.

Il faut que le citoyen respecte les lois de son pays non par crainte du gendarme, ni par intérêt

personnel, mais parce que tel est le commandement
de la raison. Nous voulons en effet qu'on respecte notre liberté; or il n'y a pas de raison
pour que nous ne voulions pas pour nos semblables
ce que nous exigeons pour nous mêmes.

De là dérivent la justice et la charité qui doivent
être les premières vertus auxquelles on exerce les
enfants. Mais pour être libre il faut que l'homme
soit maître de lui-même, qu'il ne soit pas livré à
ses passions, d'où la nécessité d'inculquer aux
enfants la tempérance. Enfin les jeunes gens et
les jeunes filles sont faits pour s'aimer un jour
de cet amour profond de tout l'être, amour
indissoluble qui est le fondement légitime de la
famille. Il faut qu'ils puissent un jour ressentir cet
amour honnête et pour cela qu'ils gardent jusqu'à
lui leur pureté. Justice, charité, tempérance,
pureté, telles sont les facultés humaines que l'éducation doit sauvegarder dans l'enfant.

Pour découvrir la valeur de ces idées morales
il suffit d'analyser l'idée de liberté raisonnable et
d'apercevoir la maîtrise qu'elle exerce sur tous
nos actes. Il n'est pas nécessaire pour y obéir de
croire qu'elles sont un commandement de Dieu ou
qu'on y obéissant nous serons récompensés dans
l'autre monde et en ce sens c'est là une morale
indépendante.

Est-ce à dire que l'idée de la vie future ne doive
tenir aucune place dans l'éducation? Il s'en faut

de beaucoup. En effet, le devoir est souvent violé sur terre sans que celui qui le viole en soit moins heureux pour cela. Mais un devoir qui peut-être définitivement bafoué est il un véritable devoir? Evidemment non. Donc puisque le devoir existe et qu'on peut s'en moquer sur terre, il faut une vie future où il fasse la loi. La conscience que nous avons de nos devoirs nous prouve l'immortalité de notre âme. Si l'âme n'est pas immortelle l'homme malhonnête a raison de se moquer de la vertu.

Dire aux enfants que tout est fini à la mort, c'est les pousser à l'immoralité et au vice. D'ailleurs on est étonné de la haine des sectaires contre cette croyance. Est-ce donc bien souhaitable que tout soit fini à la mort? Cela ne répugne-t-il pas aux plus profonds instincts de notre cœur? Cette croyance à l'immortalité peut même parfaitement se séparer de toute religion, de tout adoration de Dieu et même de la croyance en Dieu. Enfin quand on fait espérer aux hommes l'immortalité, on ne leur dit pas de négliger pour cela leur bien-être terrestre et de se laisser duper par les malins. Il n'y a donc rien en cette vieille croyance gauloise qui mérite l'attaque.

Les Français ne se laisseront pas imposer, relativement à la famille la morale des musulmans, relativement à l'au delà la morale des Chinois.

Justice, charité, tempérance, pureté, immor-talité, telles sont les idées qui doivent présider à une éducation vraiment républicaine.

D'ailleurs la première condition d'une bonne éducation morale c'est que l'enfant appartienne à une famille honorable où il apprenne la tempérance, le courage au travail, la bonté, où il exerce avec ses frères et sœurs la justice et la solidarité. Aussi la première condition d'une bonne éducation est elle l'indissolubilité du mariage acceptée et aimée par les parents.

L'enfant a droit à la monogamie parce qu'il a droit à l'éducation simultanée de sa mère et de son père.

Mais si les parents sont indignes il ne faut pas hésiter à leur arracher leurs enfants. L'état doit sauvegarder la moralité de l'enfance. La République a fait beaucoup pour l'éducation en proclamant l'obligation d'aller à l'école jusqu'à treize ans. Cela n'est pas encore suffisant. Treize ans, c'est l'âge où le caractère se déforme, où l'instituteur pourrait avoir une action efficace sur l'esprit de l'enfant, où l'atelier va le dépraver. Espérons que bientôt l'éducation publique sera obligatoire jusqu'à quinze ans.

Mais que doit être l'esprit de l'éducation publique? Ce doit être un esprit philosophique. Notre démocratie laïque ayant assumé la lourde tâche d'élever les enfants sans faire appel aux religions révélées dont la vérité est incertaine et sur lesquelles personne ne s'accorde, il reste que la raison et la philosophie soient nos grandes éducatrices.

La philosophie donne des réponses raisonnables aux questions qui intéressent le plus l'homme : D'où venons-nous? Où allons-nous? Que sommes-nous? Que devons-nous faire? Elle ne proclame pas son ignorance devant ces interrogations et sa réponse n'est pas une réponse matérialiste.

La philosophie est libre-penseuse, c'est-à-dire qu'elle admet la seule autorité de la raison et des faits, elle n'est ni matérialiste ni épicurienne. Matérialisme et épicurisme sont d'infimes manifestations de la fausse libre-pensée, de la pensée licencieuse.

Si la philosophie nous renseigne mal sur notre origine, ce qui importe peu, car qu'importe d'où nous venons, pourvu que nous sachions où nous allons, elle nous apprend ce que nous sommes : des esprits, appelés à l'immortalité. Elle nous dit ce que nous devons être : des hommes raisonnables et libres, respectueux de la raison et de la liberté de nos semblables.

Voilà l'enseignement vraiment philosophique, enseignement qui ne repose pas sur l'autorité de tel ou tel livre, mais sur la raison et dont chacun peut peser et contrôler la valeur. C'est un tel enseignement qui convient à un peuple libre. La philosophie est la religion des démocraties.

LA MORALE

Si l'état doit assurer la bonne éducation de l'enfant il nous semble absolument indispensable d'établir quel idéal moral il convient de présenter à ces jeunes âmes que nous appelons à la vie et à la conscience.

Ne nous faut-il pas une sorte de modèle que nous essaierons de réaliser en eux, un idéal général d'existence auquel nous nous conformerons dans les cas particuliers.

Ce n'est pas sans raison que certains actes sont préférables moralement à d'autres; c'est parce que les uns remplissent mieux, les autres moins bien, d'autres enfin très mal la destinée de l'homme. Quelle est donc cette destinée? Quel est le souverain bien de l'homme. Nous reconnaissons tous que nous devons préférer ce que nous connaissons comme moralement bon à ce que nous connaissons comme moralement mauvais. Du moment qu'un acte se présente à nous comme plus parfait qu'un autre, notre conscience nous dicte l'impérieux devoir de le réaliser coûte que coûte; et dès lors que nous avons un simple doute sur le caractère de malice d'un acte notre conscience nous crie aussi de nous en abstenir. C'est là un point sur lequel nous ne voulons pas insister, parce qu'il est incontesté et incontestable, parce que l'être qui connaissant le bien n'en reconnaîtrait pas en même temps l'absolue obligation, n'appartiendrait plus par ce fait même à l'espèce humaine.

Mais si chacun de nous reconnaît l'impérieuse obligation de faire le bien, nous nous trompons souvent et nous cherchons à nous tromper et l'on cherche aussi à nous tromper sur ce qui est bien. Le fait n'est pas étrange. Si accomplir le devoir est le véritable bien de l'homme il n'en est pas moins vrai que l'activité bonne s'oppose souvent à ces biens inférieurs qu'on appelle les plaisirs et les passions satisfaites. Quoi d'étonnant dès lors si blessés par la vive lumière du bien absolu qui nous force à le contempler et à détourner nos yeux de ces biens inférieurs qui nous tiennent aux entrailles, nous cherchons à étendre un voile entre le soleil et nos yeux, entre la vérité et notre âme. Les âmes perverses nous aident dans cette œuvre de mal. Impuissantes à étouffer en elles-mêmes la voix de la conscience elles cherchent à la détruire autant que possible dans le cœur de leurs semblables. Vaine tentative! Vous comprenez bien que s'il est un idéal absolu

auquel nous devons tendre, que s'il est un soleil
des intelligences comme il est un soleil de la
terre, c'est en vain que nous chercherons à fuir
la vérité. En vain reculerons-nous de quelques
jours son triomphe; malgré les efforts des mauvais
son règne doit se lever éclatant et superbe, cour-
bant toutes les têtes et pénétrant tous les cœurs.

Recherchons donc quel est le souverain bien de
l'homme, l'idéal suprême auquel il doit se con-
former. Quel est le souverain bien de l'homme?
Je retiendrai seulement deux réponses parmi la
la multitude de celles qui ont été faites, parce que
d'abord il faut nous borner, ensuite parce qu'elles
résument assez bien les deux tendances générales
qui partagent et ont toujours partagé l'humanité.

Le souverain bien, c'est le bonheur, disent les
uns; le souverain bien c'est la perfection, disent
les autres.

Le souverain bien est-ce le bonheur? Le but
suprême de l'activité humaine est-ce la recherche
et la poursuite du bonheur? L'affirmation vaut la
peine d'être examinée. Il est indiscutable que
l'humanité, que l'animalité entière se rue au
plaisir et se rue au bonheur qui n'est que la plus
grande somme de plaisirs possible pendant le plus
long temps possible. Vouloir persuader aux hommes
que le plaisir n'est pas un bien, c'est perdre
son temps et le vieil Aristote l'avait déjà constaté
voilà plus de deux mille ans. Manger, boire, dor-

mir, jouir de ces plaisirs légers qui font aimer la vie, ce sont là des biens indiscutables. Gagner largement sa vie, c'est-à-dire avoir sa liberté assurée, recevoir les baisers de la gloire, de cette gloire dont médisent beaucoup les impuissants et quelquefois même ceux qui en ont été abreuvés, toutes ces jouissances de la chair et de l'esprit sont douces. Mais est-ce là notre but suprême.

Si l'on propose comme idéal moral aux hommes le bonheur, il ne peut être question que de leur proposer le bonheur universel. Il ne peut s'agir de proposer à chaque homme de rechercher son bonheur sans s'occuper de celui des autres; car cette recherche exclusive du bonheur personnel, cet égoïsme étroit est la source de toutes les compétitions, de toutes les bassesses, de tous les crimes, de tous les maux qui désolent la terre. Le bonheur particulier n'est pas en effet d'accord avec le bonheur général, les intérêts particuliers se heurtent en de terribles conflits.

Mais, dira-t-on, si chacun travaillait au bonheur de tous, et si tous travaillaient au bonheur de chacun, la somme de bonheur de chaque homme ne serait-elle pas très grande? Dès lors n'est-il pas de l'intérêt de chacun de comprendre que le moyen le plus sûr de travailler à son bonheur particulier est de concourir de toutes ses forces au bonheur général?

Au nom de quel principe essaierez-vous de persuader aux hommes de travailler au bonheur général? Est-ce au nom du bonheur particulier? Je dis que votre essai est condamné à ne pas aboutir. Si c'est au nom d'un autre principe c'est qu'alors il y a un autre but de la vie humaine que le bonheur et c'est ce dont nous sommes intimement persuadé.

La poursuite du bonheur général ne peut être fondée sur la recherche du bonheur particulïer. En effet, admettons qu'un grand nombre d'hommes travaillent au bonheur général : si je n'ai d'autre but que mon bonheur ne donnerai-je pas le moins possible de ma peine pour le bonheur commun, comptant sur l'activité des autres pour faire ma tâche? Ne sera-ce point le fait de l'homme intelligent de persuader aux autres de travailler au bonheur de tous mais de ne donner lui-même aucun effort et de jouir simplement de la peine de ses semblables ?

Mais il y a plus : le meilleur moyen pour chacun d'atteindre le bonheur ce n'est pas que tous travaillent à le réaliser; car le bonheur est chose absolument personnelle. Ce qui fait le plaisir de l'un ennuie atrocement l'autre. A sacrifier toute activité personnelle pour ne poursuivre que des buts absolument généraux on perdrait plus qu'on ne gagnerait. L'idéal moral qui résulterait d'une telle maxime ne saurait être qu'un idéal plat, terre-à-terre, absolument dépourvu de grandeur et de noblesse. Sur quels points en effet s'accordent tous les hommes, à quoi trouvent-ils tous du plaisir, aux plaisirs du corps. Tel serait donc notre idéal moral : chacun travaillant pour le plaisir physique de tous, tous travaillant pour le plaisir physique de chacun. C'est là un idéal bien pauvre; les hommes ne sont point habitués jusqu'ici à marcher les yeux fixés à terre, ils ont toujours regardé vers le ciel.

Ces critiques que nous adressons au bonheur conçu comme l'idéal suprême de l'humanité ne sont pas suffisantes. Il nous faut définitivement exorciser le fantôme du bonheur. Il nous faut montrer que la recherche du bonheur ne peut être le but suprême de l'activité humaine, parce que s'engager dans cette voie c'est s'engager dans une voie sans issue. Se proposer comme but la plus grande somme de plaisir possible pendant le plus long temps possible est le plus sûr moyen de n'être jamais heureux. Cette recherche suppose que nous pouvons faire une addition des plaisirs, que le plaisir et le bonheur sont objet d'évaluation mathé-mathique. Rien n'est plus faux. Tout le monde sait que pour additionner des fractions on les réduit au même dénominateur. J'oserai dire que les fractions de plaisir dont on voudrait composer le bonheur ne sont pas réductibles au même dénomi-nateur. Auxquels de nos plaisirs accorderons-nous le plus d'importance? Comment distinguerons-nous sûrement les plaisirs qui engendrent les douleurs, de ceux qui sont sans risques? Et si du bonheur particulier nous passons à la recherche du bonheur général, comment mettrons-nous d'accord notre bonheur particulier avec le bonheur général, si chacun de nous a une appréciation particulière du bonheur.

Il n'y a pas à se préoccuper du bonheur parce que le bonheur accompagne naturellement toute activité parfaite. Chercher à atteindre le plus grand bonheur possible est contradictoire, parce que le bonheur ne se compte pas; il est comme l'air que nous respirons sans savoir directement combien nous en absorbons de litres par jour, ni par quel mécanisme nos poumons l'inspirent et l'expirent. Qui se préoccuperait sans cesse de bien respirer ne pourrait qu'introduire du trouble dans cette fonction essentielle et serait bientôt pris d'étouffements. Il en est de même pour ceux qui recherchent le bonheur : ils ne le trouvent nulle part. C'est qu'il n'est pas un but : il est la récompense d'une activité vraiment humaine. Quand vous êtes au bal vous amuseriez-vous si à chaque moment vous vous demandiez : Suis-je heureux? Vivez donc sans vous préoccuper du bonheur. Il viendra toujours pourvu que votre activité soit bonne.

Mais que doit être cette activité? Il ne nous reste qu'une réponse. Elle doit être une marche incessante vers la perfection.

Qu'est-ce que la perfection? Nous sommes des hommes. Notre perfection doit donc être une perfection humaine. Et nous ne voulons pas dire que nous soyons bornés à cette terre; mais espérons que l'homme est fait pour de glorieuses destinées, pour une série d'ascensions vers l'idéal suprême, vers la divinité toujours poursuivie, jamais atteinte. Mais ce que nous voulons dire c'est que pour savoir ce qu'est la perfection, l'homme n'a qu'à regarder en lui-même, à chercher ce qui fait vraiment de lui un homme. Oui, c'est parce que la perfection est déjà dans la nature humaine comme le chêne superbe est dans l'humble gland, c'est parce que l'homme en réfléchissant sur lui-même y trouve une nature spirituelle qu'il sent être son fond, nature spirituelle opposée aux instincts physiques et mauvais, qu'il conçoit comme un devoir de se réaliser. Le devoir, c'est d'être vraiment ce que nous sommes. La loi morale n'a de valeur que parce que l'homme se donne à lui même sa loi. Et ne dites pas que se donnant sa loi il la peut violer; il ne le peut qu'en cessant d'être homme.

Je sais qu'on a essayé de faire reposer la loi morale sur le commandement de Dieu. Mais si le bien est ce que commande Dieu, certes ce n'est pas parce que Dieu le commande qu'il est le bien, mais Dieu le commande parce qu'il est le bien. Si donc le commandement vient de la puissance, si le bien vient de la perfection de Dieu, ce n'est pas parce

que la loi morale est commandée, c'est parce qu'elle
est l'expression de la perfection suprême que nous
lui devons obéissance. La force, même en Dieu,
n'est pas ce que nous respectons, nous ne courbons
la tête que devant la suprême perfection morale.

Nous sommes des hommes et ce qui nous distingue des animaux c'est que doués de liberté et de
raison nous pouvons faire prédominer l'esprit sur
la chair. L'homme est une personne morale, c'est-
à-dire une volonté libre qui tend au plus large
développement, à la souveraine puissance et une
raison qui guide cette volonté et lui permet d'atteindre son but. Être libre, en effet, c'est agir non pas en
suivant fatalement les instincts de l'espèce, mais
avec choix et après délibération. C'est accomplir
des actes qui ne soient pas seulement l'expression
de notre état d'âme du moment, mais qui expriment
le fond même de notre nature. C'est donc agir sans
aucune contrainte venue de nos passions et sans
aucune contrainte venue de nos semblables. Et
c'est là aussi être raisonnable. Mais notre volonté
ne veut pas seulement agir avec délibération elle
veut encore se déployer librement dans le monde;
elle veut arriver au minimum de puissance dont
elle est capable. Elle veut créer. L'art s'offre à elle;
elle conçoit le beau et le veut réaliser.

Et notre raison n'aide pas seulement la volonté
à lutter contre les passions d'un moment perturba-
trices de l'ordre et destructrices du pouvoir central;

elle l'aide encore dans son désir de pouvoir par le désir qu'elle a de savoir. Elle cherche l'explication du monde ; elle poursuit le vrai.

Donc être dans toute la force du terme une raison et une volonté, voilà ce qui est au fond de nous-même, voilà ce que nous trouvons quand nous regardons en nous. Et voilà ce qui nous apparaît comme infiniment respectable. Mais est-ce seulement en nous que raison et volonté nous semblent dignes de respect. Comment en serait-il ainsi ? Comment un être qui préfère avant tout le triomphe de la liberté et de la raison en lui, pourrait-il sans raison ne pas vouloir le triomphe de la liberté et de la raison chez ses semblables. C'est donc en général la personne morale, libre et raisonnable, partout où elle se trouve que nous déclarons digne de notre respect et digne de notre amour. La volonté poursuit la souveraineté universelle, mais elle n'y peut prétendre qu'à la condition d'être rationnelle, à la condition que la maxime de ses actes puisse être appliquée universellement, à la condition que la maxime de ses actes puisse devenir une loi de la nature. Mais une loi de la nature ne peut pas porter en elle-même la source de la contradiction, d'où il suit que la personne morale pour prétendre à l'absolu doit respecter et aimer la liberté et la raison des autres personnes morales.

Mais d'où vient tandis que la volonté libre et la raison crient en nous que nous devons respecter et

aimer la personne morale, d'où vient que les individus se respectent si peu et s'aiment si peu. C'est
que l'individu n'est pas seulement une personne
morale, c'est-à-dire liberté et raison ; il a aussi un
corps c'est-à-dire des instincts matériels et charnels
par suite égoïstes. La recherche des plaisirs physiques est la source de tout le mal dans le monde.
En effet qui dit matière dit étendue et comme deux
êtres ne peuvent pas occuper ensemble la même
portion de l'étendue, s'ils la convoitent tous les
deux, c'est la guerre. Pourquoi tue-t-on, pourquoi
vole-t-on, pourquoi ment-on, pour la richesse et
pour l'amour physique, c'est-à-dire pour la satisfaction du corps, et pourquoi les plaisirs physiques
sont-ils la source de tant de maux, justement parce
qu'ils ont leur origine dans la matière dont aucune
portion ne peut-être simultanément possédée par
plusieurs. Mais la poursuite et l'admiration du beau,
mais la recherche et la diffusion du vrai mais l'amour spirituel, voilà des activités où tous peuvent
concourir sans jamais se heurter. Le plaisir
esthétique de l'un ne nuit pas au plaisir esthétique
de l'autre, il le multiplie. La science de l'un n'enlève pas la science de l'autre, et l'on peut aimer
idéalement l'univers entier des êtres.

Aussi prendre comme but de la vie le respect et
l'amour des personnes morales, n'est pas autre
chose que poursuivre le triomphe de l'esprit sur
la chair, de ce qui demeure sur ce qui passe,

de ce qui est éternel sur ce qui est temporel.

L'esprit c'est-à-dire la volonté raisonnable doit donc être par tout l'univers triomphant, respecté et aimé. Quant aux plaisirs physiques nous ne devons nous les permettre que lorsqu'ils ne lèsent nulle part la personne morale, quand ils ne mènent pas à l'abêtissement, quand ils ne nécessitent pas le meurtre, le vol, la cupidité ou le mensonge.

Aussi nous pensons qu'élever des enfants c'est en faire des personnalités inséductibles aux sophismes du raisonnement, aux alléchants tableaux du plaisir, aux violences de la force. C'est à cette éducation là que l'enfant a droit, c'est elle seule qui en fera un citoyen digne de ce nom.

LA RELIGION

Il nous reste à examiner si l'éducation morale est indissolublement liée à l'éducation religieuse. Les religions sont dans une période de décadence; la foi se meurt dans les consciences. Sans doute on peut signaler des exceptions et le rôle des vieilles religions n'est pas fini; il se trouve encore des intelligences qui acceptent leurs dogmes et dont la moralité est suspendue à la foi. Mais l'esprit de critique, la science, la raillerie grossière des écrivains inférieurs ont enlevé aux religions leur influence sur la masse du peuple. C'est peut-être un bien si on considère l'avenir lointain de l'humanité; c'est certainement un mal à l'heure présente car avec la religion envolée la foi en la loi morale et le respect du devoir ont baissé.

Rendre aux vieilles religions leur empire sur l'homme nous semble un projet chimérique, bien plus un projet attentatoire au progrès humain. Aucune des religions, en effet, n'a une valeur absolue; elles ne sont toutes que des symboles passagers et mortels de la religion éternelle. Les religions évoluent comme les sciences; la religion d'aujourd'hui ne doit pas nous empêcher de travailler à l'édification de la philosophie religieuse de demain.

N'attaquons d'ailleurs avec violence aucune religion. Toute religion moralisatrice est bonne pour le croyant sincère. Laissons aux vieilles religions le soin de guider dans la vie ceux qu'elles satisfont. Il en est d'autres qui ne croient plus en leurs dogmes; ces incrédules de notre temps sont forcément devenus matérialistes et par le fait même penchent vers l'immoralité.

Nous assistons à une évolution analogue à celle qui se produisait dans les idées, au temps de César. La religion antique était discréditée; la religion nouvelle n'était pas née : le monde souffrait du scepticisme. L'homme ne peut vivre sans espoir en l'au delà. Mais il n'est pas lié à telle ou telle forme de la religion. Le vingtième siècle verra, nous ne disons pas seulement le triomphe d'un vague esprit religieux, mais le triomphe d'une philosophie religieuse. Cependant cette philosophie religieuse du vingtième siècle ressemblera fort peu aux religions connues.

Examinons brièvement quels ont été jusqu'ici les éléments de la religion.

C'est d'abord un Dieu tout puissant et infiniment bon, créateur de l'univers, providence des bons, punisseur des méchants.

C'est ensuite un dogme, en partie révélé par Dieu, en partie établi par un corps sacerdotal de ministres de Dieu. Ce dogme comprend des articles de foi purement religieuse et des articles de foi morale. Le dogme religieux prescrit d'abord l'adoration de Dieu, puis un culte, puis enfin la croyance en certains mystères variant avec chaque religion. Le dogme moral est plus ou moins conforme aux préceptes de la morale courante.

Puis vient la croyance que l'homme est libre, maître de croire ou de ne pas croire au dogme, d'accomplir ou de violer la loi morale; enfin la croyance en une vie future où les croyants et les bons seront récompensés, où les impies et les méchants seront punis par Dieu. En résumé un Dieu, un dogme, un corps sacerdotal, un paradis et un enfer, tels ont été jusqu'ici les éléments nécessaires des meilleures religions.

Reconnaissons tout de suite qu'une telle religion possède, lorsqu'elle obtient crédit, une grande influence pour créer les bonnes mœurs. En effet l'homme persuadé que l'immoralité sera punie dans l'au delà et que la moralité y sera récompensée est fortement déterminé au bien par son crédo religieux.

Seulement on ne croit plus guère à Dieu, du moins au Dieu des religions; le dogme semble à la plupart des hommes un tissu d'absurdités; le corps sacerdotal a été suspecté, à tort ou à raison de faire de la religion un instrument de domination et une entrave à la liberté individuelle; le paradis céleste séduit beaucoup moins les hommes d'aujourd'hui que le paradis terrestre et l'enfer n'effraie plus personne. En fait, voilà la situation. En droit, ces croyances détruites dans la plupart des esprits par de piètres raisonnements ne résistent pas cependant dans leur intégrité à l'analyse de la raison. Les religions existantes ne sont pas, il faut bien le reconnaître, en harmonie avec les progrès de l'esprit humain.

Les philosophes ont analysé l'idée de Dieu, ils ont exposé et critiqué longuement les preuves de l'existence de Dieu. De tout ce travail de la raison il n'est résulté aucune certitude ni en faveur de l'existence de Dieu ni contre son existence. Nous ignorons, et semble-t-il, nous ignorerons longtemps encore si Dieu est une réalité ou n'est qu'une hypothèse. Le mot Dieu lui même est employé par les penseurs dans des acceptions tellement différentes, le Dieu de Spinoza ressemble si peu au Dieu de Descartes, le Dieu de Bossuet au Dieu de Rousseau, qu'il n'est pas besoin d'une grande perspicacité pour être assuré qu'aucun homme ne peut se faire une idée claire et inattaquable de Dieu.

Le Dieu exigé par les religions est un Dieu personnel ayant conscience de son existence et pouvant dire : Moi. Ce Dieu existe peut-être; peut-être le monde a-t-il besoin de lui pour exister; peut-être est il infiniment parfait et peut-être un jour, quand nous le connaîtrons, sera ce une de nos plus grandes joies de l'aimer, comme ce nous en est une sur terre d'aimer les hommes qui approchent de l'idéal divin. Mais ce Dieu que nous connaîtrons peut-être un jour, actuellement nous ne le connaissons pas. Nous ne pouvons donc pas considérer comme un acte indispensable à la vraie religion, de l'adorer. Bien plus nous soutenons que Dieu lui-même ne peut et ne pourra jamais considérer notre indifférence comme une injure. A plus forte raison ne pouvons-nous donc concevoir Dieu comme un maître ou comme un juge.

Ce n'est point à dire que nous niions l'existence d'un être suprême. Puisqu'il y a une multiplicité infinie d'individus il doit y avoir une échelle de la perfection de ces individus qui s'étend au-dessus et au-dessous de l'humanité. L'homme n'est sans doute pas l'être le plus parfait de la nature. Nous concevons facilement des êtres qui lui seraient supérieurs à tous égards. Il est donc fort probable qu'au-dessus de l'homme s'étage toute une hiérarchie d'êtres qui se rapprochent de plus en plus de la perfection. S'il en est ainsi il n'est pas impossible qu'il y ait un de ces êtres qui soit plus parfait que tous les autres, qui ait aussi toute la puissance à laquelle un être peut prétendre, étant donnée l'existence d'autres êtres en partie indépendants de lui. Si cet être existe, qu'il ait de l'action dans le monde et travaille à hâter le travail du bien dont il est le plus parfait exemplaire, c'est ce qui est probable. Que ce soit un grand bonheur pour nous de nous approcher de lui et plus tard d'entrer en société avec lui, c'est ce que tout homme de bien accordera facilement. Que si nous croyons apercevoir son existence nous tournions notre âme vers lui c'est ce que tout cœur aimant jugera naturel. Mais que nous l'adorions c'est-à-dire que nous honorions sa puissance et non sa bonté et que nous le traitions comme un roi et non comme le premier parmi ses semblables, les êtres raisonnables, c'est ce à quoi il est difficile à un esprit philosophique de consentir. Quant à le considérer comme le grand dispensateur des châtiments éternels c'est ce à quoi nous nous refusons absolument.

Si nous devons, en cette vie ou en l'autre, porter comme nous l'espérons la peine de nos fautes, la punition doit venir des lois mêmes de notre nature et de l'évolution de la vie ; elle ne doit pas être une punition proprement dite ni par conséquent éternelle. Elle doit servir au contraire à nous relever moralement.

Si nous ne considérons pas le culte rendu à Dieu comme partie intégrante de la vraie religion, que dirons nous des dogmes religieux proprement dits. Nous ne voulons en critiquer aucun : nous supposons celui qui lira ces lignes détaché de toute croyance religieuse dogmatique.

A ce propos nous dirons seulement que nous considérons deux sortes de gens comme dangereux, d'abord les intolérants et les fanatiques de religion qui soutienent trop violemment qu'en dehors de leur confession particulière il n'y a pas de salut ; ensuite les fanatiques d'irréligion qui raillent sottement des croyances, des coutumes, des cérémonies qu'un honnête homme doit traiter avec respect, puisqu'elles sont regardées par ses frères comme sacrées. Or quiconque traîne dans la boue l'idéal d'un homme est un être nuisible et bas.

Nous arrivons à ce qui, selon nous, est le seul élément indispensable de la philosophie religieuse, à la croyance en la vie future. Or nous croyons, contrairement aux religions établies, que l'immortalité de l'âme n'est en aucune façon liée à l'existence de Dieu. Nous croyons aussi que les dogmes des religions existantes sur les sanctions de la vie future sont faux et immoraux.

La grande erreur commune à la plupart des philosophes et des théologiens consiste à faire dépendre l'immortalité personnelle de la volonté divine. Cette fausse opinion est d'ailleurs si profondément ancrée dans les esprits qu'il est difficile de faire comprendre au vulgaire qu'on peut fort bien séparer la croyance en l'immortalité de la croyance en l'existence de Dieu. Il nous est arrivé souvent au cours de discussions religieuses, après avoir montré combien la vie était absurde sans un au delà et fait voir que dans cette hypothèse toute moralité était illogique, d'affirmer que nous croyons fermement à la vie future sans être sûr pour cela de l'existence de Dieu. Toujours il nous fut répondu : vous ne pouvez pas croire à la vie future si vous ne croyez pas à Dieu. Cependant les mêmes personnes concevaient fort bien qu'on pût ne pas croire à Dieu, mais à condition de considérer l'homme comme borné à l'existence de la vie terrestre. Or il nous semble que si l'on peut concevoir l'existence terrestre sans Dieu, on doit pouvoir tout aussi bien concevoir une autre existence subséquente dans les mêmes conditions. Nous savons bien que dans l'hypothèse où Dieu nous aurait révélé lui-même l'existence d'une autre vie, la croyance en l'au delà se trouverait liée nécessairement à la croyance théiste ; nous savons bien que ceux qui ont été habitués à une telle association d'idées ont quelque peine à concevoir l'un des termes sans l'autre : mais il n'en est pas moins vrai que cette association d'idées pour indissoluble qu'elle semble n'est légitimée par aucun raisonnement sérieux. En quoi la non-existence de Dieu peut elle empêcher l'homme d'être immortel ? On peut bien soutenir que si l'homme existe, c'est qu'il y a un Dieu. Mais si on accorde que l'homme peut exister sans Dieu il faut accorder que l'homme peut être immortel sans Dieu.

Il nous reste à démontrer que la conception religieuse habituelle de la vie future est fausse et immorale.

Nous prendrons comme exemple la conception chrétienne, la plus pure cependant de toutes.

Selon la religion chrétienne il y a le bien et le mal. L'homme est libre de choisir entre eux. Le lieu d'épreuve où se fait le choix est la terre. A la mort le sort éternel de l'homme est définitivement réglé. S'il a choisi le bien, Dieu l'envoie au paradis après l'avoir fait passer quelquefois par le purgatoire. S'il a choisi le mal, Dieu l'envoie en enfer.

Nous passons condamnation sur la façon étrange dont on peut éviter l'enfer par la confession. Au surplus commander le bien comme la volonté de Dieu et le commander en vue d'une récompense à mériter et d'une punition à éviter, est immora Mais cette critique est si vieille que nous jugeons inutile de la développer. Nous appuierons davantage sur les considérations suivantes : La conception d'une punition éternelle, d'un enfer est immorale.

Une telle punition qui ne permet plus le repentir, est une vengeance et une souffrance inutile. Si le mal doit être puni ce n'est pas pour venger la victime, c'est pour améliorer le coupable. La damnation éternelle, si elle existait, serait une monstruosité. La punition du méchant doit être la suite légitime et logique de l'acte mauvais. Le mal moral doit forcément en cette vie ou en l'autre engendrer la douleur. La douleur est la grande indicatrice du mal. C'est elle qui nous fait apercevoir que nous sommes en mauvaise santé physique. C'est elle qui

doit nous montrer que nous sommes en mauvaise
santé morale.

Il faut une vie future pour que le méchant puisse
revenir au bien, pour que de plus en plus les lois
naturelles s'accordent avec les lois morales, non
pas pour que le pécheur soit à jamais condamné. Il
ne faut pas s'y tromper : cette croyance en la vie
future outre sa très probable vérité a une valeur
sociale considérable. Supposons qu'un homme se
dise : « Ma nature bien que sujette au mal est
bonne par essence et la loi comme le but de mon
évolution est le bien. Sur cette terre je puis faire
le mal et cependant jouir, mais dans la vie future,
le corps étant détruit, la source du bonheur sera
dans l'exercice de l'intelligence, de la volonté et de
l'amour. Par conséquent si je n'exerce pas sur
terre ces facultés je serai dans l'autre vie comme
un duelliste qui irait sur le terrain sans s'être
exercé aux armes. Mes fautes présentes ne servi-
viront donc qu'à rendre plus longue et plus pénible
la route qui conduit au bien. » Cet homme ne se
sentira-t-il pas obligé au bien, moralement parce
que sur terre il peut résister au bien et être assez
heureux, mais réellement parce qu'il sait que de
plus en plus il lui sera difficile de séparer la vertu
du bonheur. Si l'homme au contraire sait qu'il peut
résister à la voix de la conscience, à cette voix que
tant d'hommes finissent par ne plus entendre, sans
qu'il en résulte pour lui rien de fâcheux, pourquoi

se préoccuperait-il de cet ordre ridicule qu'on peut indéfiniment bafouer? Si toute idée morale n'est pas détruite dans son cœur en tous cas l'idée morale y sera fortement amoindrie je ne dis pas seulement en puissance mais même en qualité. Peut-être l'homme résigné à l'unique vie terrestre garderait-il encore quelque moralité mais comment soutenir que la diminution de son horizon vital ne lui diminuera pas son horizon moral. C'est une plaisanterie de soutenir qu'un homme qui se croit limité à cent ans d'existence peut concevoir la vie de la même façon qu'un homme qui se croit immortel.

Examinons donc les conséquences pratiques de la négation de la vie future. Dans cette hypothèse la seule morale possible nous paraît être la morale anarchiste que nous demandons la permission de reconstruire dans toute sa pureté.

Si l'humanité est bornée à la terre le seul but commun qu'on puisse lui proposer est la recherche du bonheur. Mais nous avons vu que la seule idée du bonheur sur laquelle fussent capables de s'accorder tous les hommes sans exception c'est la recherche du plaisir physique et la fuite de la douleur. Les anarchistes déduisent de ce principe la nécessité d'abolir la propriété, le mariage et les vieux préjugés moraux inutiles, préjudiciables même aux jouissances physiques de l'individu. De cette façon d'ailleurs ils comptent réaliser la vraie moralité dans le monde.

La moralité n'étant que dans l'intention, le mal existera tant que des hommes aveuglés par les superstitions religieuses s'imagineront faire mal en suivant la loi naturelle. Il faut revenir à l'imitation de la nature et des animaux. Il y va du salut de l'humanité. N'est-il pas de toute évidence que si on supprime la loi on ne la transgressera plus? On supprimera donc le plus possible des lois morales et civiles.

L'anarchiste respectera la vie humaine s'il tient à sa propre vie et ne causera pas sciemment de douleur physique aux autres s'il craint sa propre pouleur : mais ce seront les deux seules interdictions qui lui seront faites par ses compagnons. C'est bien à regret que les anarchistes interdiront quelque chose mais ils y sont forcés par la réalité en quelque sorte matérielle de la douleur physique. Ils s'en consoleront en supprimant par leur éducation toutes les douleurs morales et par leurs mœurs tous les autres délits et toutes les autres fautes.

Le vol n'existera pas dans la société anarchiste pour l'excellente raison qu'aucun individu ne possédera rien et qu'au moindre désir exprimé le compagnon cèdera à son compagnon la moitié de son pain. La propriété étant supprimée ainsi que toutes les distinctions sociales, l'une des grandes causes du mensonge aura disparu. Les anarchistes nous débarrasseront d'un autre fauteur de mensonge et de discorde : l'amour. L'anarchiste bien élevé n'aura pas plus d'amour pour une femme que pour une autre. Les hommes et les femmes feront l'amour comme on se paie des bocks entre amis. Toutes les restrictions que les lois modernes apportent aux unions entre parents seront, comme de juste supprimées. Pour compléter ce bonheur l'éducation anarchiste débarrassera les hommes des douleurs morales que nous causent les affections contrariées ou brisées par la mort. L'anarchiste intelligent comprendra qu'il ne doit haïr personne parce que de l'entente générale peut résulter plus de jouissance pour chacun; mais il comprendra également qu'il ne doit avoir d'affection profonde pour personne parce que les affections sont des sources inévitables de douleur. Sans parler des autres malheurs la mort n'est-elle pas terrible qui nous enlève les êtres les plus chers? L'affection est donc absurde et tout le travail de l'homme intelligent doit consister à l'affaiblir. Sans doute l'homme ne se l'interdira pas complètement parce que satisfaite elle est un plaisir et une source de plaisir mais il la dosera habilement.

On 'aime son chien, mais s'il meurt on le remplace facilement. On aimera ses enfants comme son chien, avec détachement.

On considérera ses semblables comme des acteurs sur un théâtre; on s'intéressera à eux pendant leur vie; une fois morts on n'y pensera pas plus qu'au héros qui meurt au cinquième acte du drame. Telle est la suprême sagesse. Jouissons le plus possible et n'aimons pas sérieusement.

Nous venons de faire un résumé d'une vraie morale anarchiste. Ceux qui la renieront sont des anarchistes inconséquents. Cette morale est d'ailleurs la plus élevée qui convienne à une société persuadée que la mort est la fin de tout. Cette morale est même tellement supérieure à l'état psychologique d'hommes qui ne croient pas à la vie future, qu'il est logiquement impossible d'espérer qu'ils la pratiquent un jour. L'orgueil, l'ambition et la jalousie rendront impossible ce minimum de moralité qui consiste à ne pas causer de douleur physique à ses semblables.

Si cette morale anarchiste répugne à notre conscience et si elle est la conséquence logique de la négation de la vie future nous voyons quel prix nous devons attacher à cette noble espérance en l'immortalité.

Nous voyons qu'elle ne peut sans les dangers les plus sérieux être bannie de notre éducation publique, qu'elle est absolument indispensable pour faire de nos enfants des hommes libres, qu'enfin elle est le seul capital qu'il convienne d'arracher à la faillite des religions.

LE DROIT DE PROPRIÉTÉ

La liberté est le principe des droits et des lois. L'homme a donc droit à la propriété dans la mesure où la propriété est nécessaire à l'exercice de sa liberté ou bien est une conséquence de l'exercice même de cette liberté. Or toute propriété a deux sources : le fonds naturel, sol, sous-sol, fleuves, forêts, forces de la nature et le travail de l'homme qui utilise ce fonds naturel. Tout produit du travail humain appartient de droit au producteur parce qu'il est le résultat de sa libre activité et en quelque façon le prolongement même de sa personne. Mais le fonds naturel n'est pas produit par l'homme. Ce qui en justifie la propriété c'est que sans la possession du fonds naturel on ne peut pas travailler. Or comme l'homme a droit au travail et à l'indépendance il est juste qu'il possède individuellement la matière première, mais à une condition c'est qu'il n'en possède pas tellement qu'il en exproprie les autres. Tout citoyen a droit à la possession d'une part du fonds naturel ou à une compensation, parce que le fonds naturel n'étant le produit d'aucun homme il n'y a pas de raison pour qu'il appartienne à un certain nombre d'hommes à l'exclusion des autres. S'il est juste que les produits de notre travail ne soient limités que par notre capacité de travail, il est injuste que notre propriété du fonds naturel puisse indéfiniment s'accroître ou au contraire descendre à zéro. C'es là une injustice dónt l'argent est en grande partie la cause. En effet l'argent ou valeur fiduciaire représentant également les produits du travail personnel dont on a droit d'user et d'abuser, le fonds naturel dont on n'a pas droit d'abuser a vicié le régime de la propriété. Le résultat c'est qu'un grand nombre de citoyens sont dépossédés en entrant dans la vie de toute part du fonds naturel. Par suite étant obligés de vivre ils sont forcés d'accepter les conditions de ceux qui leur offrent du travail et de travailler à vils prix. Ils ne sont pas libres.

L'argent est encore coupable d'une autre injustice. L'homme qui épargne au-delà de certaines limites commet sans s'en douter une injustice. On va le comprendre aisément. Si j'ai fait pousser des pommes de terre dans mon champ et que je veuille les mettre de côté, je pourrai les garder deux ans au plus. Si je les vends, la monnaie qui. les représente me sera acquise indéfiniment, c'est-à-dire que grâce à elle, lorsque tout le produit de mon travail aura disparu, je pourrai prélever un impôt sur le travail des autres. On ne peut pas permettre plus longtemps qu'une chose morte, le capital, dévore des êtres vivants, les travailleurs.

LA SÉLECTION CAPITALISTE

L'accumulation de la monnaie par l'épargne et l'héritage entre les mains de quelques-uns, n'augmente pas dans le monde la somme des richesses, elle livre seulement les richesses produites par tous à un nombre de plus en plus restreint d'individus. Là est le vice radical de la monnaie. Elle exagère l'inégalité naturelle des hommes, elle la dévie même en la perpétuant d'une génération à l'autre avec une inflexibilité que la loi de la sélection naturelle est loin d'atteindre. Il se fait en effet dans le monde, grâce à la monnaie ce qu'on peut appeler la sélection capitaliste : la sélection capitaliste est souvent en désaccord avec la sélection naturelle et bien plus impitoyable qu'elle. Seulement si les intéressés n'y prennent garde, la sélection capitaliste finira par influer sur la sélection naturelle, c'est-à-dire que le beau type humain, travailleur et vigoureux, déprimé petit à petit par la misère, deviendra inférieur à tous les points de vue au type commerçant et financier. C'est la monnaie qui permet aux intermédiaires moins bien doués que les producteurs d'absorber pour eux tout le profit. C'est elle qui nous donne une génération de jeunes gens oisifs, condamnés par conséquent à l'atrophie nerveuse et musculaire. C'est l'espoir souvent chimérique d'un gain plus facilement obtenu qui pousse les paysans du village à la ville, des champs régénérateurs aux ateliers mortels. Quand un enfant de paysan est faible et que son poing ne peut tenir ferme la charrue paternelle, on l'envoie à la ville, on en fait un domestique, ou un garçon de magasin, ou un saute-ruisseau.

Ce faible qui sur le terrain de ses ancêtres n'aurait pas pu vivre et aurait cédé la place à de mieux doués que lui, devient souvent sans grande intelligence un riche. Et bien il ne faut pas supprimer la propriété, ni établir l'égalité, mais il faut s'opposer à la sélection capitaliste qui est une sélection à rebours.

LE COLLECTIVISME

Un remède aux injustices sociales nous est proposé par le collectivisme.

Le collectivisme pense que le travail collectif

est seul capable d'assurer la production des objets
de consommation ; il pense que le développement
du machinisme rend de plus en plus nécessaires
les grandes associations de production. Mais à l'heure
présente les capitaux que mettent en œuvre ces
grandes collectivités de travailleurs sont aux
mains d'un petit nombre de patrons. Le collectivisme propose de réparer cette injustice en so-
cialisant tous les moyens de production, c'est à dire
en considérant toute espèce de fonds naturel
comme une propriété collective. Le collectivisme
supprime la propriété individuelle des moyens
de production. Par suite il nous ôte la libre disposition de notre travail. Le collectivisme nous en-
régimenterait pendant notre jeunesse entière.
Puisque je n'aurais plus la propriété personnelle
d'aucun capital, terre ou argent, il faudrait bien
pour vivre que je travaille dans les ateliers de
l'état. Tel est le système.

L'individu dépendant dès lors de la collectivité
pour sa nourriture et son bien-être est livré sans
contrôle possible à la tyrannie de la collectivité
et des surveillants du travail, à l'anarchie de
l'atelier dans lequel chacun cherchera à en faire
le moins possible.

Pour surveiller le travail, il faudra donc des
contre-maîtres ayant une situation officielle : ce
seraient de véritables caporaux du travail, affreu-
sement tyraniques, doux à leurs protégés et à

leurs flatteurs, durs à ceux qui leur déplairaient.
Enfin les ouvriers se surveilleraient entre eux
pour se forcer mutuellement au travail, et nous
assisterions à de belles rixes et à de jolis attrap-
pages entre compagnons du même atelier et de
la même exploitation. Pour qu'une constitution
socialiste fût possible, il faudrait que les hommes
fussent parfaits et alors elle serait inutile, car
chaque individu serait toujours prêt à se sacrifier
au bonheur des autres. Il faut donc nous efforcer
de faire triompher la justice par des lois, mais
l'accord intérieurement par l'élévation progressive
du niveau moral de l'humanité. Aussi la charité
intelligente est-elle à notre époque la charité
de la bonne parole et de la morale. Il ne peut
en effet y avoir d'accord entre les hommes que
lorsqu'il ne restera plus un homme capable de
profiter de ma charité pour vivre à mes dépens,
aucun homme capable non plus d'acheter son bien-
être personnel au prix du malheur des autres.
L'accord pour la vie suppose du côté des forts
le sacrifice volontaire de quelques uns de leurs
avantages matériels, du côté des faibles la conscience qu'ils doivent faire effort le plus possible,
chez tous une honnêteté qui se refuse à faire des
dupes ou des victimes, à profiter de l'infériorité
ou de la bonté d'autrui. Que les caporaux du
travail soient nommés, sous un régime collectiviste,
par le gouvernement ou par les membres de

l'atelier, c'est le despotisme, le favoritisme sans aucun espoir d'y échapper. Etre libre de travailler quand et comment on l'entend, ne dépendre pour sa vie et son bien-être de personne, sont les conditions *sine quâ non* de la liberté.

Le collectivisme est la violation absolue de la liberté. Comme tel il doit être rejeté.

L'ASSOCIATION LIBRE

Ce qui a fait abandonner par les écoles socialistes le partage du fonds naturel entre tous les individus, partage que les socialistes avaient d'abord eu tendance à admettre ce n'est pas tant la crainte que tout fût à recommencer le lendemain, car on aurait pu parer à la dilapidation de la part individuelle par des lois restrictives, que le désir de ne pas porter atteinte au développement de l'industrie moderne qui a besoin du concours de grands capitaux. C'est là selon nous une crainte chimérique.

En effet l'association libre des petits capitaux suffirait à reconstituer le capital nécessaire aux grandes exploitations industrielles, agricoles maritimes et coloniales. Mais les collectivités ont trop de tendance à mettre de côté l'association libre en laquelle ils sentent l'ennemie, à juste titre d'ailleurs, car tous les avantages qu'ils pensent tirer de l'association forcée peuvent être obtenus et même avec plus de certitude par le fonctionnement des associations libres. Si les ouvriers savaient profiter de l'association ils seraient bientôt même dans l'état actuel, les seuls patrons de la plupart des exploitations industrielles françaises. Mettons qu'il y ait en France trois millions d'ouvriers ; supposons que chaque mois chacun d'eux verse à la caisse commune cinquante centimes : à la fin de l'année la collectivité ouvrière possédera dix-huit millions. Supposons qu'avant de les employer ils attendent trois ans et placent dans l'intervalle ce capital social ; au bout de trois ans, s'ils continuent leurs versements mensuels la collectivité ouvrière possédera cinquante-cinq millions. En cinq ans les ouvriers de France posséderaient près de cent millions. Quelque usage qu'ils fassent de cette somme, soit pour lutter contre les patrons qui ne paient pas suffisamment, soit pour fonder des exploitations ouvrières, on voit de quelle force ils disposeraient bientôt si chacun d'eux avait le courage d'économiser six francs par an et de les porter à une caisse commune.

En somme, qui empêche les ouvriers de pratiquer librement et entre eux le système collectiviste en fondant des sociétés coopératives de production et de consommation, en s'associant pour exploiter en commun une industrie quelconque. Ceux d'entre eux qui voudraient et pourraient apporter à l'entreprise commune une part plus grande de capital sans exiger plus de bénéfice, sont parfaitement libres de le faire. L'association et la poursuite de l'égalité sociale sont tout à fait légitimes, mais à la condition que l'association soit libre et que ce soit librement aussi que l'égalité soit pratiquée. L'association libre n'a d'ailleurs aucun des inconvénients de l'association forcée ou collectivisme, car c'est l'intérêt de tous ceux qui s'associent librement de travailler pour l'association. De plus, le jour où ils cessent de s'entendre avec leurs associés, ils peuvent quitter l'association et reprendre leur part d'apport. Cette reprise, cependant, ne peut pas se faire sans restriction, c'est-à-dire que les associés peuvent être obligés par la loi, si la communauté le désire, à laisser leurs capitaux à l'association encore un certain temps après qu'ils s'en sont retirés. Telle est, d'ailleurs, la loi actuellement en usage pour les associations industrielles et commerciales.

On nous dira que beaucoup d'ouvriers ne possédant rien ne peuvent associer des capitaux qu'ils n'ont pas. Mais nous avons vu que le citoyen dépouillé de toute part du fonds naturel avait droit à une compensation. Cette compensation ne pourrait-elle être, dans certains cas, une somme donnée par l'État à l'ouvrier sous la condition expresse de l'employer dans une association industrielle dont il ferait partie comme travailleur et comme capitaliste. La loi aurait soin de stipuler que le droit de retirer cette somme de l'exploitation commune n'appartiendrait à l'ouvrier qu'au bout de quinze ou vingt ans. On éviterait ainsi la dilapidation de la somme donnée.

D'ailleurs, quelles que soient les réformes adoptées, il n'en manque pas qui respectent le principe de la propriété individuelle et c'est vraiment manquer d'imagination et être par trop simpliste de ne trouver comme remède aux injustices sociales que le collectivisme.

LA PROPRIÉTÉ INDIVIDUELLE POUR TOUS

Il faut maintenir la propriété individuelle comme garantie de la liberté. Mais, théoriquement, tout citoyen a droit à une portion du fonds naturel. Donc l'idéal ce serait qu'il y eut pour chaque citoyen un minimum de propriété inaliénable et insaisissable. Si un minimum de propriété est nécessaire à la liberté, il ne doit pas plus être permis au citoyen de se défaire de ce minimum de propriété que de se faire esclave.

Pratiquement, les lois doivent tendre à rendre la propriété accessible à tous. Peut-être devraient-elles commencer par protéger la petite propriété, par l'empêcher d'être absorbée par la grande ou dilapidée par les imprévoyants. La loi déjà ne permet pas de saisir le lit et les instruments de travail. Ne pourrait-elle pas aller plus loin ? Les vraies réformes, capables de hâter la solution de la question sociale, seront celles qui empêcheront la trop grande propriété de se constituer, qui arrêteront la destruction de la petite, qui en favoriseront l'accès à tous. L'excès en tout est un défaut. La propriété individuelle est un droit ; mais comme tout droit celui-ci a ses limites et ces limites c'est que le droit de propriété de quelques citoyens n'empêche pas les autres citoyens d'avoir part, eux aussi, à la propriété.

La société est malade parce que, grâce à la réprésentation de la valeur réelle par la valeur fictive, la propriété privée peut s'accroître d'une façon anormale. Il ne s'agit donc pas de détruire la propriété privée. Cette méthode rappelle la plaisanterie qui consiste à couper la tête de celui qui souffre de la migraine pour le guérir.

La maladie étant déterminée, les remèdes seront sans doute plus faciles à trouver. A chacun de chercher.

Pour notre part il nous semble qu'il faut :

1° Empêcher l'accumulation de la valeur fictive entre les mains de ceux qui ne produisent pas de valeur réelle ; 2° détruire la valeur fictive quand elle ne correspond plus à une valeur réelle ; 3° augmenter le nombre des producteurs de valeurs réelles.

Pour le premier point il nous semble légitime d'empêcher les gains de bourse, et en général tout profit trop fort d'un commerce qui ne crée pas de richesses, mais se contente de les faire circuler tout en gardant la plus grosse part.

Pour le second point, attendu que l'impôt sur le revenu ne résoudrait pas la question, car les riches regagneraient ailleurs ce qu'ils perdraient là, attendu que la suppression de l'héritage à tous les degrés ne nous semble pas très juste et rencontrerait en outre de grosses difficultés dans l'exécution, nous proposerons une mesure qui rendra inutile les deux précédentes.

Étant donné que la valeur fictive dure beaucoup plus longtemps que la valeur naturelle, ne peut-on supprimer la valeur fictive vieillie. Par exemple, les actions et obligations ne peuvent-elles pas être annulées de droit au bout de trente ans. Passé ce laps de temps, le matériel de l'exploitation qu'elles représentent passerait en partie au moins à ceux qui lui donnent leur travail. De cette façon, chaque fois que la propriété d'un seul deviendrait trop grosse, une partie s'en écoulerait comme il arrive pour l'eau des fontaines intermittentes.

Pour le troisième point, il nous semble nécessaire d'édicter un ensemble de lois capables de retenir les paysans aux champs, d'enrayer le mouvement de migration vers les villes et de faire même revenir à la terre le plus grand nombre possible d'ouvriers ou d'enfants d'ouvriers.

Pour que le paysan n'ait pas le désir de venir à la ville, pour qu'il comprenne la valeur morale de son rôle, il ne faut plus qu'on le considère comme une bête de somme. Il faut que les jeunes paysans et paysannes reçoivent dans la commune une solide instruction et surtout une forte éducation morale. Qui vous empêche, même après leur sortie de l'école d'y faire revenir tous les huit jours, jusqu'à leur majorité, les jeunes gens et les jeunes filles mineures pour leur affiner l'esprit, leur former le cœur, constituer enfin sur le sol français une aristocratie de la terre ?

Aux paysans ainsi formés par une saine éducation on adjoindra tous ceux qu'on pourra détacher des villes. Les enfants moralement abandonnés, les orphelins pauvres, on en fera des agriculteurs en France ou en Afrique. Enfin à tous les jeunes gens parvenus à leur majorité on offrira une concession de terre soit en

France, soit dans les colonies, et on leur fournira les moyens d'en tirer parti. Quant aux concessions d'exploitations qui, comme les mines, ont besoin du travail de centaines d'individus, l'État ne les accordera jamais à des individus incapables de les exploiter seuls, mais à ceux qui peuvent les faire valoir eux-mêmes.

En légiférant dans ce sens, on parviendra petit à petit à égaler le nombre des propriétaires au nombre des citoyens, à empêcher la création de grandes fortunes toujours injustes et à mettre la richesse entre les mains des travailleurs.

L'ÉTAT ET LES ASSOCIATIONS

L'individu ne doit pas attendre de l'Etat la réalisation de tous les buts qui lui tiennent à cœur ; l'Etat en effet n'a pas pour mission de réaliser le bonheur des individus, mais seulement de permettre à chacun d'eux d'y travailler librement. Mais il est des œuvres qu'un individu isolé ne peut entreprendre ; c'est donc à ceux qui ont une idée commune de se grouper de s'associer pour réaliser cette idée et l'Etat doit leur garantir la liberté d'association pourvu que leur association ne soit pas un danger pour la liberté publique. Dans notre société moderne c'est surtout par l'accaparement des richesses du pays qu'une association pourrait devenir redoutable à la liberté des citoyens. Aussi importe-t-il d'établir dans quelles limites la propriété est un droit pour une association. Nous croyons qu'une association ne peut pas être considérée comme personnellement propriétaire d'un capital et que l'on doit considérer comme les propriétaires véritables les membres de l'association. En effet ce qui justifie la propriété individuelle des moyens de production c'est que ce genre de propriété est nécessaire à la liberté de l'individu. Une association ne peut être considérée comme un individu mais toujours comme une collection d'individus et la loi ne doit pas tolérer que l'individu disparaisse dans l'association.

Nous allons appliquer ces principes à l'une des questions les plus controversées, la question des rapports de l'Eglise et de l'Etat dans l'hypothèse de leur séparation.

L'Etat en subventionnant les cultes semble considérer les pasteurs de ces cultes comme des fonctionnaires, ce qui est illogique, si l'on veut bien considérer seulement que les cultes subventionnés poursuivent des buts opposés tandis que les fins de l'Etat doivent être harmonieuses. Le Concordat en présentant le budget des cultes comme une compensation octroyée au clergé en retour de la confiscation de ses biens pendant la Révolution Française laisse penser que cette confiscation fut illégitime. Or rien ne fut plus légitime que la reprise de ces biens injustement acquis puisqu'ils avaient été donnés au clergé par les rois ou par les nobles qui les tenaient de la conquête violente. D'ailleurs notre principe que nul n'a droit a une part telle du fond naturel qu'il en exproprie les autres suffit à légitimer la reprise des biens du clergé par la nation.

Le Concordat mettant l'Eglise dans la dépendance de l'Etat est une source continuelle de conflits entre les deux pouvoirs en sorte que beaucoup de catholiques en arrivent à souhaiter la séparation des Eglises et de l'Etat. Mais il est à craindre qu'un esprit sectaire et mesquin ne préside à cette séparation. Naturellement il ne saurait être question de rendre à l'Eglise les biens justement confisqués par la Révolution. Mais comme quelques uns de ces biens ont pu être légitimement acquis et qu'en tout cas il importe dans un état de ne pas froisser les sentiments d'une grande partie des citoyens nous estimons que les églises, les temples, les objets consacrés au culte, les presbytères même devraient, en cas de séparation de l'Eglise et de l'Etat, être abandonnés en toute propriété et sans frais aux associations religieuses. Agir autrement serait faire montre d'un esprit étroit et qui friserait l'injustice. Il faudrait également laisser aux catholiques, comme d'ailleurs aux fidèles des autres religions, toute liberté de s'associer pour payer leurs prêtres et même pour constituer un capital aux différentes associations religieuses qui se formeraient. Là serait la vraie difficulté. Il serait à craindre en effet que l'Eglise catholique, avec les lois actuelles ne devint très vite possesseur d'un quart du territoire et des capitaux français. Or ce serait là un accaparement manifestement injuste. Il faudrait donc établir un impôt sur toute donation ou sur tout héritage revenant aux associations religieuses. Le principe de cet impôt devrait-être le suivant : Puisque la propriété individuelle seule est de droit la propriété d'une association n'est respectable qu'autant qu'elle représente le total des parts de propriété des associés.

Parconséquent si un particulier laissait par testament à une association, un million par exemple et que cette association se composât de vingt membres elle devrait payer comme si chacun d'eux eût hérité individuellement de cinquante mille francs. De même si une . association composée de cent membres était riche d'un million elle devrait à la mort d'un de ses membres . payer les droits de succession sur une somme de dix mille francs représentant la quote part du défunt. En effet la loi doit considérer chaque membre d'une association maîtresse d'un certain capital comme possédant individuellement une part de ce capital égale à celle des autres associés, à moins que des contrats ne stipulent la quote part le chacun d'eux.

Quant à impôt prélevé sur chaque associé pour sa part légale de l'héritage commun ou de la donation faite à l'association il devrait être égal à l'impôt payé par un héritier qui, n'appartient pas à la famille du testateur.

Tel nous semble être le régime sous lequel pourraient vivre les associations catholiques en ce qui concerne les héritages et les donations. Ce régime étant fondé sur la justice devrait être également appliqué aux autres associations car des lois d'exception ne se peuvent justifier par le principe de liberté. La loi doit seulement veiller à ce que les associations ne deviennent pas un danger pour la liberté et la propriété des citoyens, à ce qu'elles n'aient pas les moyens de les contraindre à accepter les buts qu'elles se proposent.

Toute association qui travaillerait à étendre la liberté d'un groupe de citoyens aux dépens de la liberté des autres ne saurait être tolérée. La limite de la liberté d'association c'est que l'individu puisse être vraiment libre dans l'État sans entrer dans aucune association.

TABLE DES MATIÈRES

	Pages
Avant-Propos.	7
Le Principe Légitime des Lois.	13
L'Égalité et la Loi.	27
Les Droits de la Femme.	31
Le Droit de l'Enfant à l'Éducation.	45
La Morale	51
La Religion	63
Le Droit de Propriété.	77
L'État et les Associations	91

LEFEBVRE-MARNAY, Imprimeur à Dreux.

ERRATA

Page 55, ligne 11. Au lieu de, travaillant, lisez : travaillent.

Page 58, ligne 4. Au lieu de, mais, lisez : nous.

Page 59, ligne 24. Au lieu de, au minimum, lisez : au maximum.

Page 68, ligne 1. Au lieu de, le travail, lisez : le triomphe.

9 782019 132958